Alida Gundlach

Mallorca
Exclusiv

 HÄDECKE

Die Autorin dankt Angelika Haug
und Martina Nehls für ihre Mitarbeit.

© Walter Hädecke Verlag, D-71263 Weil der Stadt, 2001

Gestaltung, Satz: Juscha Deumling, Jam, München
Lektorat: Barbara Locher, Extratour
Reproduktionen: M & R, Trier
Druck: Bosch-Druck, Landshut

Fotografie: Klaus Siepmann
Weitere Fotos:
Pere Colom: 66, 79, 81, 94, 95, 96, 109 a, 115, 118,
119, 159, 161, 170, 179, 181, 182, 202
Volker Dannenmann: 19, 40, 56, 57, 64,
109 b, 114, 146, 183, 192, 199
Call-Agentur: 6
Burckhard Gundlach: 60, 61, 65, 196, 204
Privat: 124, auch mit Dank an meine Zuschauer: 74
    Uwe Ernst: 198, Marita Charissé und NDR:
    140–143, 147, 151 a, 152, 197
Sacristan Cover/Contact/Agentur Focus: 121
Omega/Action Press: 125
Agustin Cover/Contact/Agentur Focus: 127
Deilmann: 128
Cholet/Action Press: 148, 150
Action Press: 149
Domicil: 162, 163
La Residencia: 151 b, 153

Printed in Germany 2001
ISBN 3-7750-0345-2

O, MALLORCA,
du Insel der Sehnsucht
und der Vorurteile,
der Begierde und der Kritik,
der Lust und der Laster.

O, MALLORCA,
du Schöne...
Isla Bonita,
Luminosa, Leuchtende.

MALLORCA, du Verführerin,
mit deinen fröhlichen Festen,
der kribbelnden Champagner-Luft
und der blühenden Pracht –
ein ganzes Jahr hindurch.

LINKE SEITE: Alida Gundlach ganz privat
in ihrem Anwesen CASSIS auf Mallorca

LIEBE LESERIN, LIEBER LESER!

ALLES, was Sie über Mallorca je gehört und gelesen haben, ist wahr. ALLES stimmt! Aber ALLES eben nur ein bisschen, weil jeder anders hinguckt. Ich möchte Ihnen gern die größte und beliebteste Balearen-Insel zeigen, wie ICH sie empfinde – ganz individuell und exclusiv. Seit 35 Jahren kenne ich die PERLE DES MITTELMEERES aus verschiedenen Perspektiven:

Als URLAUBERIN, als ARBEITERIN, als BEWOHNERIN. Mehr als ein Jahrzehnt habe ich auf einer mallorquinischen Finca im Landesinneren gelebt, vorher besaß ich fast ebenso lange eine Ferienwohnung am Meer. Mir ist also das eine wie das andere vertraut.

Allein drei Filme aus der erfolgreichen ARD-Fernsehreihe ALIDA GUNDLACH... EXCLUSIV handeln von Mallorca, und inzwischen sind mehrere Bücher über meine Erlebnisse, meine Eindrücke dort aus übervollem Herzen entstanden. Immer wieder habe ich in umfangreichen Reiseführern und Lifestyle-Kostbarkeiten über Mallorca geblättert, doch meistens nur Facetten, Mosaiksteinchen darin gefunden... stets fehlte mir etwas oder war mir zuviel.

Schon die Qual der Wahl bei den Dreharbeiten steigerte meinen Wunsch nach einem Bildband, den ich mit mehr Zeit und Ruhe zusammenstellen wollte – aus MEINER Sicht der Insel. Und dabei habe ich mich gefragt, ob ich Geliebtes loben oder als Geheimnis bewahren soll – und mich für Ersteres entschieden. Hier ist er nun, endlich fertig, mein persönlicher Streifzug durch Mallorca, auf dem mich erstklassige Fotografen mit sensiblem Blick und sicherem Gespür durch alle Jahreszeiten begleitet haben.

ICH BIN NIE EINE MALLORQUINERIN GEWORDEN, ABER DEM REIZ DER INSEL BIN AUCH ICH ERLEGEN...

LINKE SEITE: Einer der vielen alten Zisternenbrunnen im Landesinneren, der etwa zwanzigtausend Liter des kostbaren Regenwassers kühl speichert.

WAS IST DRAN AN MALLORCA?

Vor circa 70 Millionen Jahren berührten sich hier, etwa beim CAP FORMENTOR, Afrika und Europa. Heute ist Mallorca mit knapp 4000 Quadratkilometern die größte Insel des Archipels. Und noch immer gibt es Fleckchen für Aussteiger, Träumer, Erforscher und Eremiten – trotz acht Millionen Besuchern pro Jahr. Eine Insel wie eine Geliebte, die nach vergeblichen Annäherungsversuchen mit Gewalt genommen wird, eine Insel voller Geschichte und Geschichten, zwischen Klischee und Wirklichkeit, zärtlicher Romantik und kampferprobtem Alltag, immer erobert und nie vollends unterlegen: weder den Phöniziern, Karthagern, Römern oder Arabern, noch den Piraten, Türken, Spaniern oder den Touristen.

Fremde und Zuwanderer sind die Mallorquiner seit langem gewohnt: Eine große Anzahl der heutigen Bevölkerung kommt vom Festland, vorwiegend aus Andalusien.

Und so variantenreich wie ihr Publikum ist die Landschaft Mallorcas. Neben Refugien für Philosophen, Maler und Dichter in beschaulichen Terrassendörfern oder verborgenen Altstadt-Tempeln führen Serpentinen in bewaldete Berge, das Reich der Biker und Kraxler. Wasserfreunde finden im türkisblauen Mittelmeer ihre eigene Welt, Sportler können das ganze Jahr überall Kraft und Kondition erarbeiten, während Wanderer sich durch Wälder, Macchien, Garriga und botanische Anlagen staunen. Naturliebhaber, Ornithologen – für jeden sein spezielles Stück Land, ob CABRERA, VICTORIA, SA DRAGONERA oder ISLA DE AUCANDA. Winzige Inseln schwimmen um die große herum, sorgen für zusätzliche Eindrücke. Wenn man sie nur lässt, konkurrieren Flora und Fauna mühelos mit Meer und Meeresfrüchten. Und auch die Wohn-Freaks, Kunstfreunde, Architektur-Experten finden Sehenswertes – von Gotik über Gaudí bis Galerias.

RECHTS: Die britisch gediegene Atmosphäre im READ´S HOTEL

RECHTE SEITE: In der RESERVA ROTANA kann man gemütlich
unter alten Deckenbalken sitzen und sich am Kamin in
weiche Sofas kuscheln

Hier pendelt der Mensch von Lebenslust zu Urlaubsstress, von seelenreinigender Muße zu Touristenhektik. Alles
beieinander: Papas und Paparazzi, tobender Lärm und meditative Stille, internationales Flair und ländliche Ursprünglichkeit,
raffinierter Nepp und großzügige Gastfreundschaft.

Für MILLIONEN ist Mallorca der ersehnte Ferienort, schnell und gut erreichbar. Für VIELE die erträumte Wahlheimat
mit funktionierender Infrastruktur, nämlich für circa 120.000 Ausländer mit festem Wohnsitz. Und WENIGEN bietet die Insel
ein wichtiges Refugium hinter dicken Mauern, die Prominenten-Oase. In erster Linie ist es aber die Heimat von 750.000
Spaniern, von denen über 80% am Tourismus partizipieren, der größten Einnahmequelle der Insel.

DAS IST DRAN AN MALLORCA. NICHT MEHR, ABER AUCH NICHT WENIGER.

Winter – Invierno

LINKE SEITE: Die nur selten so weiß gepuderte
SIERRA DEL NORTE. Im TRAMUNTANA-Gebirge haben sich
Büsche und Bäume mit Schneemützen geschmückt

RECHTS: Auch das gibt es auf Mallorca: »Vorsicht Eisglätte«

EISZEIT IN DER SIERRA DEL NORTE

Hoch oben im alten Kloster schlägt ein Mönch mit einem Klöppel auf Holz und ruft fröstelnd die gläubigen Brüder zum Gebet, von fern glänzen die Schneekuppen auf den Gipfeln TEIX und TOMIR. Touristen drehen sich noch einmal um in ihren Betten, selbst die Händler stehen später auf. ES IST WINTER AUF MALLORCA.

Die wilde Schönheit der SIERRA DEL NORTE, des TRAMUNTANA-GEBIRGES, das schäumende Meer, die schroffen Felswände, die die Täler vor kalten Winden schützen – das alles erhält seine Krönung jetzt, Ende Januar. Wer Leere braucht, um sie mit sich auszufüllen – hier ist der rechte Ort dafür. Hier hält sie an, die Zeit, die sich sonst so oft mit erschreckender Geschwindigkeit in täglicher Routine verzehrt. Vergangenheit, Gegenwart und Zukunft werden eins.

In den meisten Häusern sorgt ein Kamin für glühende Fronten und eisige Rücken – die Stimmung hebt er allemal mit seinen flackernden Scheiten aus Pinien- oder Olivenholz. Man schaut hypnotisiert in die Flammen, blaugelbe aufstiebende Geister, verträumt sich in ihnen, als könne man seine Zukunft darin lesen. Nur die dicken Mauern alter ungeheizter Stadtpaläste und Herrenhäuser speichern so viel Sonnenwärme, dass man selbst draußen noch gemütlich in ihren Patios sitzen kann. Mit den Rundbögen, Pflastermustern und Fresken sind sie wahre architektonische Kleinodien. Haben jedoch zeitgenössische euphorische Hausbesitzer während der sommerlichen, lichtdurchfluteten Bauphase auf eine Heizung verzichtet, kriecht ihnen nun die Feuchtigkeit, LA HUMEDAD, in jede Ritze.

RECHTE SEITE: Beim nächsten Sonnenstrahl sind
die noch einsamen Liegestühle sofort belegt

Aus ähnlichen Gründen hatten 1838 auch Frédéric Chopin und George Sand wenig Gutes über das Inselklima zu berichten, als sie mit ihren Kindern einen Winter auf Mallorca verbrachten, um die Schwindsucht des Maestros auszuheilen. Stattdessen ging es ihm in der zugig kalten und feuchten Kartause von VALLDEMOSSA schlechter als zuvor. Heftige Güsse vor Augen, komponierte er verzweifelt sein »Regentropfen«-Prélude.

So idyllisch beide das Eiland außerhalb ihrer kühlen Behausung fanden, so wenig gefielen ihnen die Menschen, deren »engstirnige Kumpanei und mangelnde Gastfreundschaft« George Sand bitter beklagte. Heute ist Mallorca gerade im Winter für viele der WAHRE Urlaubstraum: Ruhig, leerer als je sonst, mit besonders freundlichen Einwohnern und weniger, aber anspruchsvolleren Gästen aus aller Welt. Hinzu kommen die Überwinterer, die inzwischen fast alle Golf spielen, ihre heimatlichen Wohnungen für eine kurze oder lange Weile verschließen und ihr Geld lieber auf den Balearen ausgeben. An sonnigen Tagen liegen die meisten lesend – vereinzelt in Decken eingekuschelt – am Hotel-Pool, faulenzen an den sauberen, kaum besuchten Stränden, denen die ungebärdigen Stürme gelegentlich den Sand wegblasen, und nutzen trübere Stunden für Besichtigungen und Kulturausflüge.

Inselbewohner sehen dieser Zeit nicht nur fröhlich entgegen, denn sie kennen den Unterschied zwischen Klima und Wetter. Mag das Klima auch im Winter noch so mild sein, kaum hat sich der Urlauber angekündigt, spürt der Gastgeber den lastenden Druck der alleinigen Wetter-Verantwortung. Speziell zur Mandelblüte. Zwar sinkt die Temperatur fast nie unter Null, bewegt sich eher zwischen dreizehn und zwanzig Grad, aber Touristen wünschen sich eben azurblauen Himmel und lapislazulifarbenes Wasser. Stimmen diese Farben mal nicht, bietet freilich der Regenbogen Entschädigung. So bunt, so klar, so geschwungen kann er sich nur hier im reinen Licht der Insel entfalten, seinen eleganten Bogen ziehen von der brillantensprühenden Erde hinauf zum Gipfel der Berge, mit der Luft verschmelzen in rosa, safran, mint und einem verwaschenen Streifen orange zum Abschluss.

HIMMLISCHE KUNST, TRÜBSINN ADE!

LINKE SEITE: Hinter MOSSET liegt diese romantische Finca,
eingerahmt von schneebedeckten Gipfeln und seidenweichen
Mandelblüten

RECHTS: LA SEU, die berühmte Kathedrale in PALMA,
hier einmal vor winterlicher Kulisse

DIE WEISSE PRACHT

So manches Mal kann man am Sonntag in mallorquinischen Familien ungewöhnliche Kinderbitten hören: »POR FAVOR, PAPA, SCHNEE-GUCKENFAHREN...« Auch wenn die Eltern schmunzeln, in Wirklichkeit hätten sie den Vorschlag gern selbst gemacht. O ja, Schneemützen bestaunen, die sich jetzt die Bergspitzen aufgesetzt haben, Schnee, der nicht sehr lange liegen bleibt! Schnee, eine Seltenheit auf Mallorca!

Das rare Wochenend-Vergnügen einiger INVIERNOS: Ein Ausflug in die wasserreichste Region der Insel, zum weiß gepuderten Gipfel PUIG MAJOR des Tramuntana-Gebirges, das sich von SA DRAGONERA im Südwesten bis zum nördlichen FORMENTOR zieht, vorbei an Burgen und Klöstern, Küsten und Dörfern, mitten hinein in eine jungfräulich weiße Landschaft, die man nicht durch Fußabdrücke schänden mag. Man steht davor und glaubt es kaum.

JA, WENN ES SANKT MORITZ WÄRE ODER GARMISCH, ABER AUF MALLORCA?

Ein unfassbares Geschenk der Natur, schon seit Jahrtausenden! Ich kenne Cafébesitzer, die selig von ihren Ahnen, den NEVATERS schwärmen, weil sie im 18. Jahrhundert mühsam das Eis aus den Bergen nach PALMA schleppten, in kühlen Kellergewölben – CASES DE NEU – lagerten und dann im Sommer an reiche Kunden als Eiswasser verkauften. Erste clevere Kaufleute, die es verstanden, Kälte in Pesetas zu verwandeln. Nicht zuletzt mutig der Gebirgslandschaft trotzend, die gerade damals freiwillig kaum etwas abgab.

Schnee gibt es selten auf der Insel, dafür winterliche Regenfälle und Stürme aus allen Himmelsrichtungen. »Tramuntana« bläst aus Nord, »Mitjorn« aus Süd, von Osten pustet der »Llevant«, von Westen der »Ponent«. Früher fing sich ihre Kraft in den Windrädern der Mühlen, eine sinnvolle Arbeit, in die sich dann die Motoren einschlichen wie eine Invasion aus einer anderen Welt. Erst seit einigen Jahren gelangten die RUEDAS EÓLICAS wieder zu neuer Wertschätzung. Tradition mit Zukunft.

Doch nicht nur der Wind, auch Berggipfel erhalten Namen. Wer sonst durchbohrt so mühelos die Wolken und wirbelt sie scheinbar im Kreis herum? Wer sonst reflektiert so unnachahmlich Farben, Licht und Klimalaunen? Mit Bezeichnungen wie ESCLOP, SA GRUA, BENDINAT, GALATZÓ erweist man ihrem Charakter Reverenz, einem Charakter, der stark und bezwingend ist, vor dem sich vieles duckt.

Verlassen wir beglückt wie in Kindertagen den winterweißen Traum, den überraschenden Genuss eines Wochenendes, kann es gut sein, dass uns weiter unten im Ort einer jener frühlingshaft warmen Tage erwartet, in denen man sich im Liegestuhl räkeln kann. Wenn man jetzt am Strand entlangspaziert, zuweilen stehenbleibt, um all das zu bestaunen, was das Meer wie eine Flaschenpost zwischen Glätte und Gischt ausgesetzt hat, wenn man auf blank gescheuerten Steinen nach Zeichen sucht, verlieren sich die Gedanken ganz von allein in den Gezeiten, schwimmen in versunkenen Schätzen, so deutlich, dass man das Gold vor sich sieht. Hebt man den Blick, findet man es am Berg wieder, mit einem karmesinroten Schleier und einer weißen Krone.

Irgendwann, vielleicht schon Dienstag, wird der Schnee wieder zum Ursprung treiben, zum Meer, zur Wurzel – und die Landschaft unverändert, so wie sie gewesen war, darunter auftauchen lassen. Dann lauschen die Kinder den traditionellen Märchen, die immer so beginnen:

»...LANGE BEVOR ES SCHNEITE AUF MALLORCA...«

LINKE SEITE: Von PUNTA LA NAO bei POLLENÇA blickt
man weit über Gräser und Felsen hinunter auf das
schimmernde Meer

RECHTS: Winterliche Idylle voller Frieden, in der mittendrin
Alleen von Mandelbäumen ihre seidige Pracht entfalten

EDELSTEINPALETTE –
SONNENGOLD UND MEERESSILBER

Die Fahrt auf der kurvigen, engen Küstenstraße von ANDRAITX über BANYALBUFAR in Richtung SÓLLER ist schwierig und atemberaubend zugleich. Wellen brechen sich an den Felsen mit einer Wut, als wollten sie sie zurechtrücken. Der Wind heult Signale über die Klippen, ein paar Wolken hüllen die Sonne ein, jede größer als die vorige. Möwenschreie nehmen genau so zu wie der Geruch nach Kräutern, Ginster und Erde. Es riecht nach Regen, doch das kann sich innerhalb einer Stunde ändern. Typisch für Mallorca. Eben noch prasselten hagelgroße Tropfen auf Blech – Meer und Horizont verschwammen ineinander, als der Regen so plötzlich aufhört, wie er begann und langsam einer sanften Sonne Platz macht.

Die Farben des Wassers und des Himmels ähneln einer Edelstein-Palette, wechselnd von Saphirblau über Türkis, Smaragd bis zum dunklen Aquamarin. Dazwischen blitzende Topas-Tupfer. Mehr Blick ist kaum möglich! Auf dem Weg endlose Felder mit zerfurchten Mandelbäumen in voller Blüte, weiß, rosa, lila, ein Teil den Boden bedeckend, als sei dort pastellfarbener, duftender Schnee gefallen. Kaum eine Ecke der Insel ohne diese überwältigend schöne Pracht, für die Menschen von überallher anreisen. Schmuck, der selbst vor den Toren schlichtester Dörfer nicht Halt macht, deren Boden sich sonst bloß zu flachen braunroten Klumpen ballt. Und nun Pudertöne wie aus zartester Seide! Ich bin stets aufs Neue fasziniert, wenn ich von meiner Terrasse aus – man stelle sich vor, mitten im Winter – das kunstvolle Aquarellbild betrachten darf, das am Ende zerfällt, um sich zu einem samtenen Teppich unter meinen Füßen zu formen, als habe die Natur Blumen gestreut. Immer eher legen die Bäume ihr feines Kleid an. War es vor kurzem noch »ganz sicher im Februar«, so kann heute Mitte Januar bereits alles vorbei sein – wenn Mallorca mal wieder von der Dezember-Sonne bevorzugt wurde.

RECHTE SEITE: Dämmerung und Nebelfeld – Familie Schaf
auf dem Heimweg in der Nähe von LLUCMAJOR

Von den Blüten profitiert schon seit Jahrzehnten ein kleiner, edler Betrieb, den vielleicht der findige Sammler kennt, von dem jedoch viele Besucher nie gehört haben. Übrigens auch eine Fundgrube für Liebhaber künstlerischer Flakons. Hier werden in den Kellern nur die besten aller Mandelblüten aus 25 Jahren ruhiger Gärung gehortet, um daraus nach streng geheimem Rezept das einzige rein mallorquinische Parfum herzustellen. Wie Wein in Fässern lagert das spezielle Wasser, das nach einer aufwendigen und langjährigen Prozedur zu »FLOR D'AMETLER« wird, dem sinnlichen Duft der Mandelblüte. Man exportiert ihn heute in andere Länder, noch immer in begrenzter Anzahl als reine Handarbeit weniger Menschen.

Am schönsten jedoch sind die Sonnenuntergänge! Ihre unglaublichen Farben finden sich nicht halb so intensiv auf bunten Ansichtskarten wieder. Wenn das Abendrot den ganzen Horizont in breiten Streifen von Purpur, Zinnober, Bronze und Gold überzieht, der Mensch kurz innehält, um diesen Moment auszukosten, dann atmet die Insel ein wenig langsamer. Ein Anblick zum Seufzen schön! Voll Entzücken verharre ich im Prunk der glühenden Gipfel, ahne Ewigkeit, fühle mich wie im Innern einer Rose. Der lautlose Nordwind berührt den Kopf in einsamen, klaren mallorquinischen Winternächten mit glitzerndem Sternenhimmel, den man bestimmt mit der Hand berühren kann! Wer sie je erlebt hat, kennt ihre magische Wirkung, die Zyniker schweigsam macht und Romantiker zu Poeten, die in jeder Blüte den Kristallpalast erkennen. Kometen fallen wie Feen nur zur Erfüllung unserer Wünsche auf die Erde.

Wer sich verloren hat, will sich auf Mallorca wiederfinden. Manche verschwinden in den Wüsten der Einsamkeit, manche suchen die Nähe zum Ursprung, zur Natur. Weicher Waldboden, Karrenwege, Aleppo-Kiefern, oft verwechselt mit den seltenen Pinien, pittoreske Köhlerhütten, ROTLO DE RITJA, Grünes, wohin man schaut. Rechts oben ein morsches Gatter, dahinter Haus und Pflanzen, gleich alt und erfahren. Fensterläden, luftige PERSIANAS, hängen in seltsamen Winkeln an der Wand, sympathisch schief. Dicht am Meer breiten sich bewässerte Terrassen aus, Nachlass arabischer Eroberer, die auch allerlei Orten den Namen gaben, wie BUNIOLA AL BAHAR – WEINGÄRTCHEN AM MEER, das anders geübte Zungen später zu BANYALBUFAR machten. Und auch jede Bezeichnung mit X (z.B. Andraitx, Felanitx) verrät den arabischen Ursprung. Vor uns abgeerntete Rebstöcke, Palmen, Feigenbäume. Auf den jetzt saftigen Hängen grasen Ziegen und Schafe mit ihrem Nachwuchs, in deren zufriedenes Meckern sich zwischendurch der laute Ruf einer Bäuerin mischt. Von der weit entfernten Finca bellt ein Hund.

Kurz vor VALLDEMOSSA dann der Blick nach unten, als stürze abrupt ein Wegstück tausend Meter hinab in das gurgelnde Meer, in dem die Gischt aufspritzt und hohe Wellen sich kraftvoll gegen die bizarren Felsen werfen. Ein Moment, bei dem man die Luft anhält... aufregend, lautlos, verschwenderisch – alles gleichzeitig. PHANTASTISCHE WINTERFREUDEN.

LINKE SEITE: Hier lässt sich´s leben: Das mallorquinische
Domizil der schwedischen Prinzessin Birgitta

BIRGITTA, PRINZESSIN VON SCHWEDEN –
DAS HANDICAP MIT DEM HANDICAP

Noch verwischt der Morgendunst mit weicheren Konturen einige Unzulänglichkeiten, schnatternde Vögel jagen Insekten, die sich geschickt in den Steinen verbergen, als plötzlich hinter großzügig begrünter Fläche reihenweise Neubauten auftauchen, die mich kurz anhalten lassen. Mein Gott, wann ist das denn passiert? Auffällige Urbanisations-Schilder beschreiben den zu erwartenden Luxus: »Ihr Komfort-Haus direkt am Golfplatz«. Natürlich, davon kann es nicht genug geben.

Wer das Vergnügen hat, bei Birgitta, Prinzessin von Schweden, eingeladen zu sein und seine Hausaufgaben gemacht hat, weiß, dass ein Golfplatz in der Nähe sein muss! Die Schwester des schwedischen Königs bewohnt in SANTA PONÇA, fünf Minuten vom Green entfernt, ein elegantes Maisonette-Penthouse, das sich mit dem gemütlichen Country-Look doch sehr vom herrschaftlichen Stil früherer Lebensphasen unterscheidet. Obwohl die Anlage hinter schützenden Mauern und Toren liegt, ist Birgitta von Hohenzollern durch die nahen Nachbarn alles andere als isoliert, zumal ihr das schlichtere Leben auf dem Lande ohnehin besser gefällt als höfisches Zeremoniell. Diese Wohnung ist ihr Nest, ihre Burg, ihre Ruhezone, wenn sie nicht gerade »einputtet«.

Ganz früh, wenn dünne Nebelschwaden und dicke Sonnenreflexe übers Meer tanzen, ist die Prinzessin am liebsten hier, allein. Ein Tag ohne Golf ist für sie ein verlorener Tag. Das Spiel mit dem kleinen Ball, das Treiben auf dem Platz machen ihr Spaß, vor allem aber das Verbessern ihres Handicaps, obwohl sie weiß, dass die Unterstellung »Handicap gleich Intelligenzquotient« nur von »missgünstigen, unsportlichen Nichtgolfern« stammen kann!

Auch, dass Regierung und Initiatoren auf die zahlungskräftige Golf-Klientel ein besonders gieriges Auge geworfen haben, stört sie nicht: »Ist doch gut, wenn viele diese wunderbare Möglichkeit haben.«

RECHTS: In ihrer Lieblingsecke sind zwanglos die Fotos der Familie, enger Freunde und des spanischen Königs Juan Carlos aufgereiht

RECHTE SEITE: Ein Blick in das geräumige, helle Esszimmer mit seinen warmen Erdtönen und dem offenen Kamin

Ist man mit ihrer erfrischenden Natürlichkeit vertraut, passt es gut ins Bild, dass Birgitta von Hohenzollern nicht zu jenen gehört, die sich über das Wachstum der deutschen und anderer Gemeinden auf Mallorca mokieren.

»Ich liebe diese Insel schon seit über zwanzig Jahren«, sagt die Prinzessin »man braucht sich bloß umzuschauen... sie ist immer besser geworden, eleganter und aufregender. Heute gehört Mallorca mit den vielen Geschäften, Restaurants und Hotels zweifellos zu den schönsten Urlaubsregionen der Welt – es bietet einfach alles! Ist es da nicht absolut verständlich, wenn immer mehr Menschen dieses Paradies für sich entdecken wollen... na und?!«

Es gibt viele Adlige, die mit der Volksnähe ihr Problem haben, man bleibt lieber unter sich. Und so, wie Prinzessin Birgittas Kindheit und Jugend verlief, hätte es jeder verstanden, wenn ihr der Schritt ins bürgerliche Leben schwer gefallen wäre. Unter den strengen Mienen blasser Ahnen wurde sie als Tochter des Erbprinzen Gustaf Adolf von Schweden im Schloss Haga bei Stockholm geboren – und die Etikette am Hof war streng in jenen Tagen. Kein Vergleich zu heute!

»O ja, wir mussten die Regeln einhalten. Schon von klein auf war es für meine Geschwister und mich selbstverständlich, einander zu siezen, wir kannten es gar nicht anders«, erzählt sie mit einem Lächeln, das ihre wunderschönen kornblumenblauen Augen nicht erreicht.

Damals kam nach vier Töchtern endlich der heiß ersehnte Sohn. Er blieb der einzige und wurde von Anfang an auf seine spätere Aufgabe vorbereitet. Bis König Carl XVI. Gustaf von Schweden 1976 seine Silvia aus Deutschland heiratete, war Birgitta als »große Schwester« die First Lady Schwedens. Alles Gründe, warum sie ihre erreichte Freiheit besonders genießt. Die »Königliche Hoheit« hat sie hinter sich gelassen und kann nun leben wie andere Frauen in ihrem Alter. Die drei Kinder sind längst aus dem Haus, der Ehemann geht seinen Verpflichtungen nach, so bleibt Zeit und Muße, den Alltag und die Umgebung nach eigenem Gusto zu gestalten.

RECHTS: Die Terrasse als Empfangsraum:
Prinzessin Birgitta und Alida Gundlach im Gespräch

»Ich mag schon seit ich denken kann Erdtöne – an mir und auch um mich herum, also verzichte ich auf gewagte Experimente. Es sei denn bei meinen Blumendekorationen«. Hier, in der Nähe des Meeres, mischt sie ein paar blaue und weiße Tupfer hinzu, während sie in ihrem Münchener Zuhause – mit dichten Baumkronen vor den Fenstern – sanftes Grün bevorzugt. In ihrer Lieblingsecke sind zwanglos die Fotos der Familie, enger Freunde und des spanischen Königs Juan Carlos aufgereiht. Dazwischen ein paar Pokale, Trophäen gewonnener Golf-Wettbewerbe.

»Dort sitze ich und lese« erzählt sie. Der Blick aus dem Fenster streichelt ihre Seele. »Wenn es mir mal nicht so gut geht, brauche ich nur hinauszuschauen, und schon fühle ich mich prächtig. Dieses einzigartige Licht, die unvergleichliche Luft bei weit geöffneten Terrassen-Türen... wirklich, Mallorca hat etwas sehr Vitalisierendes!«

Nicht nur die Landschaft ist heiter, auch das Ambiente. Viele Rundbögen, warme Wandfarben, sorgsam ausgesuchte Stoffe in abgestuften Nuancen der Naturtöne. Im Esszimmer Schränke aus gewachstem Holz, riesige Eisentische, opulente Sträuße, Ferienstimmungs-Geschirr.

Vielleicht wäre die Schweden-Prinzessin eine ausgezeichnete Innenarchitektin geworden?

»O nein, ich hätte am liebsten Medizin studiert! Mein Traumberuf war Ärztin«, gesteht sie mit einem kleinen Anflug von Bedauern. »Aber das war damals nicht erlaubt. Trotzdem interessiert mich Medizin heute noch; eine spannende Wissenschaft, der ich durch einige Hilfsprojekte weiterhin verbunden bleibe.«

Als Schirmherrin verschiedener karitativer Organisationen ist ihr Privileg ihr auch Verpflichtung. Zwar blieb ihr der Traumberuf verwehrt, doch als gelernte Sportlehrerin kam sie dem so nah wie möglich. Der Ehemann mag Mallorca, teilt allerdings die Passion seiner Frau für die Insel nicht im gleichen Maße. Ihm genügen gelegentliche Abstecher, während Prinzessin Birgitta nirgendwo lieber ist. Trotz aller Reisen.

»Aber meinen Bruder und seine Familie locke ich öfter her! Sie kreuzen gern auf dem Meer, und so habe ich ihnen Mallorca schmackhaft gemacht – die Insel ist doch ideal dafür, oder?« fragt sie mich lächelnd. – Apropos schmackhaft: Die figurbewusste Prinzessin achtet auf Qualität. Nur leichtes mediterranes Essen mit Zutaten frisch vom Markt. Manchmal geht sie aber auch aus. Ins CHOPIN oder FLANNIGAN. Wird sie dort hofiert?

»Ach was, ich würde nie meinen Namen benutzen, um Vorteile zu bekommen. Aber wo man mich kennt, werde ich aufmerksamer behandelt und sitze am besten Tisch im Restaurant.« Der leichte Schelm im Blick spricht Bände.

RECHTS: Die Königliche Hoheit zwischen klassischen Tinajas
(Tonkrügen) auf dem Weg zu ihrem Penthouse

Berührungsängste sind Birgitta von Hohenzollern fremd. Weiß man, wer sie ist, gut, wenn nicht, noch besser. Schwerer haben es sicherlich die königlichen Besucher aus Schweden, vor allem Nichte Victoria – als begehrtes Motiv der Paparazzi. »Eine entzückende junge Frau« schwärmt die Tante »die bestimmt eine wunderbare Königin wird.« Birgitta denkt einen kleinen Augenblick nach. »Sie ist sehr tüchtig und die Erwartungen an sie dementsprechend hoch. Sie wird einiges durchstehen müssen.«   Kinder... Ihre eigenen suchen noch heute, inzwischen selbst Eltern, Mutters Rat.

«Ich war eine richtige Glucke,« lächelt die Prinzessin, »mir fiel es schwer, alle ihren Weg gehen zu lassen, doch das hat sich jetzt auf ein vernünftiges Maß reduziert. Ich bin da, wenn es Probleme gibt, aber ich mische mich nicht mehr ungefragt ein. Das Wichtigste ist, dass wir hier auf Mallorca so oft wie möglich zusammen sein können!«

Sie glaubt sowieso, dass jeder Mensch viel mehr in die Natur schauen und sich daran erfreuen sollte. »Think positive ist mein Lebensmotto, das ich auch meinen Kindern vermittelt habe. Depressionen lasse ich gar nicht erst zu, wobei mir auch das Golfen hilft. Green und trübe Gedanken passen einfach nicht zusammen.« Think positive... eine Regel, die jeder leidenschaftliche Golfspieler beherzigt. Immerhin ist auch bei dieser Sportart die mentale Einstellung am Gewinn beteiligt. Der Golfplatz – ein Ort der Begegnungen?

»Ja natürlich. Dabei hört man oft, ab einem bestimmten Alter könne man keine neuen Freundschaften mehr schließen. So ein Quatsch! Gerade beim Golfen habe ich wunderbare Freunde gefunden. Außerdem symbolisiert mein Hobby Freiheit und Genuss für mich. Und ist es nicht traumhaft, dass ich das hier sogar ganzjährig ausüben kann?« Seit die Prinzessin so versessen intensiv Golf spielt, hat sie andere Sportarten aufgegeben. Es reizt sie nicht mehr. »Ich hätte schon mit sechs Jahren Golf lernen sollen, dann wäre ich heute bei Handicap Eins! Trotzdem ist es mehr Spaß als Ehrgeiz, der mich auf den Platz treibt.« Nun ja...

Birgitta von Hohenzollern ist eine unprätentiöse Frau, aufgeschlossen, natürlich, modern – und von mallorquinischer Lebensfreude erfüllt. Man glaubt ihr, wenn sie sich nichts mehr wünscht, als dass alles so bleibt, wie es ist. »Ich gehöre zu den Menschen, die ehrlich behaupten können, wunschlos glücklich zu sein.« Kann es ein besseres Abschiedswort geben?

LINKE SEITE: Süße Verführung – opulente Auslagen
in Palmas PASTISSERIAS versetzen alle in Festtagsstimmung

RECHTS: Zum mallorquinischen Weihnachtsfest gehört auch
die Krippe, am liebsten als fein geschnitzte Handwerksarbeit

BON NADAL –
WEIHNACHTSSTIMMUNG IN PALMA

Palma, MEDINA MAYURKA, oder einfach LA CIUTAT, wie die PALMESANS sie zärtlich nennen, ist mit ihrer einzigartigen Grandezza sowieso eine Stadt zum Verlieben, aber im Winter kann sie geradezu süchtig machen. Besonders in der Vorweihnachtszeit. Alles ist festlich dekoriert. Unter üppig strahlenden Lichterketten schlendert man durch die Altstadt und startet den längst fälligen Bummel bei der Touristeninformation in der PLAÇA DE LA REINA, wo fast alles kostenlos zu erfahren ist, was PALMA sehenswert macht. Und hofft, dass nicht gerade jetzt das Stromnetz wieder mal zusammenbricht. Man besucht im Museum SES VOLTES – in der alten Stadtmauer unterhalb der »lange unvollendeten« CATEDRAL LA SEU – eine Ausstellung begabter Künstler, schlendert durch die malerischen Gassen, vorbei an wundervollen Hausfassaden spanischen Jugendstils und den Zeugen alter Schmiedekunst.

Am PLAÇA WEYLER im CAFÉ DEL GRAN HOTEL, wo neben ein paar Yuppies feine ältere Herren EL PAIS lesen, beißt man in ein paar Tapas, pustet seinen CAFÉ SOLO kalt und hat aus den riesigen Glasfenstern viel zu schauen. Überhaupt steht PALMA im Metropolen-Vergleich gut da, von kurzen Wegen bis zur großen Internationalität. Europa – das findet hier alltäglich statt. Auch wenn die offizielle Rückkehr zum MALLORQUIN, einem Dialekt des Katalanischen anstelle des CASTELLANO, das viele sprechen, anderes vermuten lässt und eher abgrenzt als öffnet.

Nach einem Einkaufsrausch in den Alleen eleganter und origineller Läden, die alle weihnachtlich geschmückt sind, genießt man erstklassiges Essen in der anheimelnden Atmosphäre eines der zahllosen Restaurants, schwelgt abends vielleicht zwischen Samt und Seide im legendären TEATRE PRINCIPAL bei einer Tanzaufführung oder einem Konzert... und niemand muss Spanisch können. Tanz und Musik versteht man schließlich in jeder Sprache.

RECHTS: Die frisch gebackene klassische
Ensaimada – ein gefüllter Zopf in Spitzenhülle

RECHTE SEITE: Ein unbedingtes Muss für jede
Naschkatze ist das FORN DES TEATRE in PALMA

Jüngere kommen erst ab elf in Stimmung. Vorher ist nichts los. Sie werden in etlichen Clubs erwartet, die coolsten – oder doch eher die heißesten? – sind Discos und Musikkneipen um die PLAÇA GOMILLA in TERRENO, CARRER CONCEPCIÓ oder CARRER ESTANC. Das Angebot ist so umfangreich wie die spanischen Weinsorten. Muss ein Lokal schließen, eröffnet gleich ein neues. Von solchen Veränderungen bleiben die Bäcker meist unberührt. Mallorquiner sind stolz auf diese uralte Handwerkstradition, die den FORNS, den imponierenden Öfen, verführerische Meisterwerke entlockt. Ich zum Beispiel verzehre mich nach einer bestimmten Sorte von BUNYOLS, einer Art Kartoffelkrapfen, die mir im heimischen Herd nie so gelingen will – Rezept hin, Rezept her!

Oft sind Bäckereien – PANADERIAS/FORNS – und Konditoreien – PASTISSERIAS – Familienbetriebe. Unten wird gebacken, oben verkauft. Mit fürstlich verzierten Fronten und klingelnden Türen wird der Kunde ins Innere eingeladen, wo sich erst die tatsächlichen Werte präsentieren: Zauberhaft geschnitzte und bemalte Regale voller antiker Gläser, Karaffen und Krüge, die bis zum Rand nichts als Leckereien enthalten. Wenn nicht hier, wo sonst bilden Ambiente und Angebot eine derart köstliche Allianz. Zu Weihnachten stellt der Meister einfach ein paar ENSAIMADAS mehr her als üblich, verpackt Süßes in aufreizend knisterndes Stanniolpapier, das mit flatternden, bunten Schleifchen fest zugebunden wird. Doch für die selig Davonschreitenden niemals fest genug!

Am Hauptfeiertag, dem 25. Dezember, holen die Insulaner mittags das gute Geschirr aus dem Schrank, nicht die Tontöpfe wie sonst. Die allseits sinnenfrohe Vorbereitung beginnt. Es gibt SOPA DE NADAL, eine Nudelsuppe im Truthahn-Saft mit einem Schuss vom milden JEREZ. Währenddessen kriecht der Bratenduft des mit Marzipan gefüllten Puters, INDIOT, die Wände entlang direkt in den Magen, der vor Gier zu knurren beginnt. Drei Gänge umfasst das Mahl mindestens, zum Abschluss einen Klassiker: TURRON aus zuckriger Mandelmasse.

Es ist eine andere, eine altertümliche Weihnachtszeit auf Mallorca, viel geruhsamer als in Mitteleuropa. Keine überfüllten Kaufhäuser, die den feinen, kleinen Geschäften ohnehin noch nicht den Rang ablaufen konnten, keine panischen Menschen auf der Suche nach Geschenken in letzter Minute, keine Festtagshektik. Im Gegenteil. So mancher Ladeninhaber schiebt erst am Nachmittag seine schweren Eisengitter hoch, die Stunden davor waren mit Wichtigerem gefüllt.

TRANQUILIDAD ist das Wort hier und jetzt, Ruhe und Friede auf Erden.

LINKE SEITE: »Wer von den Sorgen der Welt gepeinigt wird, der mag
in dieser Zuflucht in den Bergen einen Frieden finden, der tiefer ist
als alle Vernunft.« Gordon West 1929 im KLOSTER LLUC

Und weil wir schon einmal Gefühle zulassen, mögen wir in diesen Tagen eher als sonst innehalten, vielleicht mit der Einkehr in eine der Pilgerstätten.

Über zweihundert Steinkreuze säumen die Wege der Insel, bisweilen die Pfade hinauf zu einem erweiterten Bewusstsein, das Demut fördert. Hin zu den Klöstern und Eremitagen, in denen immer weniger Nonnen und Mönche leben. Sie alle bleiben in der Einsamkeit ihrer Mauern, allein, zu zweit oder in kleinen frommen Gruppen. Viele, ohne sich von den Menschen zu entfernen, denen sie stumm weder Ohr noch Pforte verschließen. So hält das KLOSTER LLUC gemäß christlicher Tradition sogar 108 Räume für müde Wanderer parat, ohne dass sie gleich dem Orden beitreten müssen. Dieser bedeutendste Wallfahrtsort Mallorcas beherbergt außerdem die verehrte MORENETA, die schwarze Madonna der Berge, ein herrliches Beispiel für die Kunst des Holzschnitzens vergangener Jahrhunderte. Heute ist hier auch der berühmteste Chor Spaniens ELS BLAVETS zu Hause, denn die Augustiner leiten ein Musik-Internat.

Von Zeit zu Zeit darf die meditative Stille fast aller MONESTIRS gestört werden, der weltliche Alltag eindringen in den Mikrokosmos eines Gott geweihten Lebens. Die meist älteren Jünger Jesu, Frauen wie Männer, arbeiten auf dem Land, ernähren sich von eigenen Früchten, fasten und schweigen, mit wenigen Ausnahmen. Einige ihrer Klosterkirchen sind noch heute Pilgerstätten, friedliche Räume voller Atem, versprochener Gelübde und beweinter Übertretungen.

»DIESE AUS NATURSTEIN, BESCHEIDENHEIT, ARMUT UND SCHLICHTHEIT GEBAUTEN KLÖSTER ERINNERN UNS AN
IHRE EINSIEDLER, DIE DEN FRIEDEN BEIM BETEN GEFUNDEN HABEN UND ÜBER DIE JAHRHUNDERTE EIN BEISPIEL
VON SCHWEIGSAMKEIT, UMWELTVERSCHONUNG UND SCHÖNHEIT GEGEBEN HABEN.« Carlo Carretto »Yo, Francisco«

Für Wunder und Sentimentalitäten empfänglicher als in den übrigen elf Monaten, lassen wir uns ein auf Klöster, Natur und die Weihnachtsgeschichte. Nie funkelten die Sterne in dieser Intensität. Ist es da wirklich ein Mysterium, dass wir uns auf Mallorca dem Himmel näher fühlen und uns aus tiefstem Herzen wünschen, der Mensch zu sein, der in uns schlummert, der, der wir immer sein wollten? Winter auf Mallorca.

Ach, Meister Chopin, da stehen Sie versteinert in Palmas Altstadt auf ihrem Sockel und schauen herab auf uns Menschlein. Heute hätten Sie nicht nur Land und Leute lieben können, Sie wären dank Stimmung, Heizung und guter medizinischer Verpflegung bestimmt wieder an Leib und Seele gesundet. Und welch kostbare Kompositionen hätten Sie uns noch schenken können... außer der »Regentropfen«-Prélude.

LINKE SEITE: Wanderwege führen kreuz und quer über
die Insel, vorbei an anmutigen Gärten, alten Höfen und
weidenden Tieren

WOLLT IHR DIE INSEL WIRKLICH SEHN –
DURCH LAND UND BERGE MÜSST IHR GEHN

R ein in die festen Schuhe und den schützenden Anorak, falls doch die
schärfere Brise weht, die das dünne Material wie Segel im Wind auf-
flattern lässt. Den Stock als Gehhilfe unter den Arm geklemmt, einen
gut gefüllten Rucksack geschultert – für die MERIENDA, die Brotzeit – und los geht
sie, die Tour per pedes. Der eine oder andere Kenner mag jetzt auch auf die Suche
nach PICORNELLs, den Pfifferlingen gehen.

So wandert er unter der Aufsicht riesiger, graugrüner, geschichteter Felsbrocken die buckligen Pfade hinauf, durch
düstere, merkwürdig flimmernde, phantasieanregende Steineichenwälder mit einem Gefühl wohligen Schauderns. Und dann
tritt er unerwartet ins hellste Sonnenlicht seines Lebens, so mild, so klar, dass kein Fotograf widerstehen kann. Neben sich
Zistrosen und Rosmarin, Heidekraut, Lavendel, Wacholder, Mastix und Myrte. Über sich das fleckenlose, unbeschreibliche Blau,
weit unten verschiedene Grüntöne im Wasser mit spritzender Gischt, fern und unwirklich. Hält man die Hand ans Ohr, hört
man die Wellen gegen das Ufer schlagen. Besser, man kommt dem Klippenrand nicht zu nahe!

Die SIERRA ist eine unebene, schroffe Bergwelt, die 1400 Meter hoch aufragt. Kalkstein, aus dem der Regen Rinnen ge-
waschen hat, archaische Muster hinterlassend. Zeugen der unendlichen geologischen Vorgeschichte Mallorcas, spitze, eigenartige Gesteinsmassen, gebogen wie Meereswellen – Konturen aus uralten Zeiten. Steile Schneisen führen durch bedrohlich
dichte Wälder, gleich nebenan anmutige Gärten und ausgebaute Reitwege. Aleppokiefern verströmen ihren herben Geruch,
während sich das Auge an Hainen gekrümmter Olivenbäume erfreut, die gelegentlich einander liebevoll umschlingen. Man
möchte teilhaben und seine Wange an den Stamm drücken. Durch die Wipfel tupft das Muster der Sonne perfekt gesiebte,
unregelmäßige Lichtpunkte auf den Anorak. Mit etwas Glück trifft man auf die Steineichen-Sorte, deren Früchte wie
Kastanien schmecken.

RECHTS: Jaime bei Schnitt und Pflege seiner Bäume,
damit die Mandeln im nächsten Jahr noch kräftiger blühen

RECHTE SEITE: Dämonen? Gesichter?
Phantasie anregende jahrhundertalte Olivenbäume

Links und rechts des Weges liegen einsame, historisch anmutende Gehöfte, zu denen noch der Begriff Heim und Herd passt, mit ordentlich bestellten Bauernkulturen.

Die Frühblüher wie Mandel- oder Nussbäume, Pfirsiche und Pflaumen werden spätestens im Januar geschnitten, Laubholz gefällt, Rosen gesetzt, Mist kommt aufs Feld. Zwei Wochen danach schneidet der Winzer die Rebstöcke zurück, im Garten gilt Gleiches für alle Holzgewächse wie Fuchsien oder Wandelröschen. Und im Februar erntet man hier die ersten Kartoffeln, die die Mallorquiner für süße und pikante Gerichte sehr schätzen – eine Vegetationspause wie in Mitteleuropa kennen sie nicht. Weiter hinten sanfte Hügel, Urwüchsiges, Widerstandsfähiges am Boden, enorme Artenvielfalt. Dieser Anblick ist der pure Zauber.

»ERZÄHLE MIR, ALTER ÖLBAUM, WÄHREND ICH MICH MÜDE AUF DEN FELSEN SETZE, NEUIGKEITEN AUS DER VERGANGENEN ZEIT, DIE ICH EINGESCHRIEBEN LESE IN DEINER KORKIGEN RINDE.« José Luis Pons

Gerade im Winter verdient sich Mallorca das Prädikat »Insel des Lichts« mit grandiosem Farbwechsel an kantigen Felsen. Früh morgens noch düsteres Grau, errötet es plötzlich und spielt regenbogenartig die ganze Skala durch, bis es richtig Tag wird. Dann, in den ersten Sonnenstrahlen, steigt ein Gipfel dunkelblau, silbern und golden empor, stützt den Himmel mit einem Schimmer von glänzendem Oliv..., einen hauchdünnen Nebelschal um seine Schulter. Jetzt spürt man seinen Puls ganz anders, die Sinne spielen verrückt. Augen öffnen sich zum Sehen, Ohren nehmen Stille wahr, fremde Gerüche werden tief eingeatmet, selbst PA-AMB-OLI, das in Öl getunkte Brot, früher die Notration der ÄRMSTEN, gaukelt dem Gaumen Delikates vor. Man hat sich neu entdeckt. Und am Ende dieser INVIERNO-Wanderung ist Luxus fällig: Ein warmes Bad.

LINKE SEITE: Der kleine Palast, versteckt im Wald –
Feriensitz der Familie Haas-Simon

RECHTS: Ludwig Haas und Alida Gundlach genießen
gemeinsam die Aussicht

LUDWIG HAAS –
MIT BEIDEN BEINEN FEST AUF DER ERDE

Als ich Ludwig Haas und seine temperamentvolle Frau Marianne das erste Mal besuche, muss sie mich aufsammeln. Ich hatte mich hoffnungslos verlaufen und schloss aus ihrem fröhlichen Lachen: Nichts Neues, schon anderen passiert... Heiliger Cristobal, das ist aber auch ein schwer zu findendes Anwesen! So ganz und gar unzugänglich versteckt hinter Pinien, Kiefern und Büschen, dabei ist LA TRAPA fast in Sichtweite. Steht man erst einmal vor dem Eingang, fragt man sich, wie man so etwas übersehen konnte. Ein Haus wie aus einem Bühnenbild. Mit Skulpturen, Säulen, Patios und einem nur mit leichter Hand gebändigten Garten.

»AN DER STEILEN KÜSTE ENTLANG KLEINE EINSCHNITTE, BIS SICH DIE FELSIGE INSEL PANTALEU ZEIGT, DAS ERSTE STÜCK LAND, DAS VON DEN EROBERERN BETRETEN WURDE.« DER DICHTER JOSEP PLÀ

In dieser geschichtsträchtigen Gegend kann die Familie Haas heute eine 220 Meter lange sandige, nicht ganz steinlose Badebucht mit zahlreich ankernden Booten entlangspazieren. Doch zur Erfrischung im kühlen Nass klettern sie lieber zwischen die Felsen. Zwar ist der Einstieg ins Meer dort reichlich unbequem, garantiert aber ungestörtes Schwimmen in knallgrünem Wasser. Außerhalb der Saison ist es hier noch sehr still und ursprünglich. Lange vor Eröffnung der Lindenstraßen-Praxis, seinem Drehbuch-Leben als geplagter Doktor Dressler im Rollstuhl, lange davor, als nämlich Ludwig Haas in seinem ersten Hollywood-Film Hitler spielt, neben Lee J. Cobb, da malt seine Mutter Erna Haas eine Szene daraus. Mit Hunderten von Bühnenarbeitern, die wie Ameisen einen Staat im Staate bilden und dem Betrachter das Gefühl vermitteln, ein total fauler Nichtstuer zu sein. Dieses Bild hängt nun im Eingangsbereich des mallorquinischen Hauses.

Erna Haas, Malerin, und Robert Haas, Maler und Bildhauer, haben ihrem Sohn Ludwig ihr künstlerisches Talent ver-

RECHTS: Als anregendes Beispiel hängt dieses Bühnenbild
von Erna Haas gleich im Flur

erbt. Erna, die ihre Bilder nur mit dem Vornamen signiert, und schon früh das ist, was man später emanzipiert nennt, kauft in den 50er Jahren auf Mallorca ein kleines, idyllisches Grundstück für umgerechnet fünfhundert Mark, auf dem ein ebenso kleines, schlichtes Haus steht... für weitere fünfhundert Mark. Bevor der erste Stuhl erworben wird, ist ihr Atelier fertig. Für sie das Wichtigste. Ein großer heller Raum, Leinwand, Farben, Pinsel, Zubehör und der grandiose Lichteinfall, den sie als einzigartige Inspiration empfindet. Später will Robert nicht hinter der weiblichen Kreativität zurückstehen und formt stattliche Skulpturen – sein Beitrag zur Außengestaltung. Sohn Ludwig verbringt hier manchen freien Tag, werkelnd, restaurierend, malend. Nichts als Natur um sich herum, lediglich ein noch kleineres Häuschen in Sichtweite. Und weil das Leben die unglaublichsten Drehbücher schreibt, wird es als Feriendomizil jahrelang von Marianne Simon für sich und ihre drei kleinen Kinder gemietet, ohne dass die beiden einander je begegnen.

Erna, eine der ersten Aussteigerinnen mit Wohnsitz Mallorca, wird nach und nach zur Legende im Ort. Die Mallorquiner akzeptieren sie nicht nur, sie sind stolz auf die deutsche Malerin, die San Telmo internationales wie künstlerisches Flair bringt. Und das zu einer Zeit, in der nicht einmal das WORT Tourismus eine Bedeutung hat. Mit ihr, der Mutter, ist Marianne Simon gut bekannt – nicht mit dem Sohn.

Der hätte ohne weiteres in die Fußstapfen der Eltern treten können, aber Schauspieler zu werden ist sein Wunsch von Anfang an. Die Wandlungsfähigkeit, das chamäleonartige Schlüpfen in andere Charaktere faszinieren ihn und sind seine Stärke geblieben. Auf vielen Bühnen spielt er die großen Figuren der Weltliteratur, belebt deutsche Krimis, dreht in Italien und mehr als einmal in Hollywood. Dazwischen inszeniert er etliche Stücke als Regisseur. Vor und während der populären Serienrolle. Ein ameisenfleißiger Mann, gewiss vom Bühnenarbeiter-Bild der Mutter beeinflusst. Anfang der 80er Jahre – nach dem Tod von Erna – erbt der Sohn das Haus und baut es eigenhändig um.

»Ich liebe Säulen« sagt Ludwig Haas dazu »und Bühnenbilder«.

Und weil ihm Vielseitigkeit in seinem farbigen Leben etwas bedeutet, hat er nicht nur von Film-Vorbildern oder großen Impressionisten, sondern besonders von den Eltern gelernt. Nun kann er endlich alte Neigungen umsetzen, formt selbst konische Säulen, gießt Wappen und vergrößert geschickt durch Anbauten das kleine Haus der Mutter. Und begegnet endlich der Mieterin von gegenüber. Liebe auf den ersten Blick – Mariannes inzwischen ältere Kinder inklusive.

RECHTS OBEN: Ludwig Haas mit seiner Frau Marianne

RECHTS UNTEN: Hier, vor übergroßen Ohren im Patio seines
Hauses, übt der Schauspieler seine Texte am liebsten

Ludwig und Marianne heiraten, ziehen zusammen und verbringen seitdem drehfreie Tage am liebsten im mallorquinischen Patio. Sie, die heitere, praktische Pädagogin, bereitet sich dort auf Seminare vor, er, der aufmerksame, freundliche Weltmann, studiert die nächsten Textpassagen. Niemand scheint ihn ärgerlich zu kennen. »Warum auch? Abreagieren kann ich mich in meinen Rollen. Falls überhaupt nötig«, lächelt er augenzwinkernd.

Der erfolgreiche Schauspieler Ludwig Haas aus dem holsteinischen Eutin, der schon lange als »Doktor Dressler in der Lindenstraße« im Rollstuhl sitzt, lebt privat seinen Bewegungsdrang aus, wandert durch die bezaubernde Natur seiner unmittelbaren Umgebung, genießt Mallorca bei Wind und Wetter, bastelt wie früher an seinem Haus und hört Jazzmusik. Nur jetzt zusammen mit seiner Frau. Beide haben eine gut harmonierende Lebensphilosophie, einen ähnlichen Wohngeschmack. Der Garten wächst wie er will, macht darum Bewässerung unnötig. Eine Fortsetzung der Natur um sie herum. Wilde Katzen schleichen sich zur Fütterstunde an, noch zu scheu, um sich berühren zu lassen. »Wenn ich es schaffe, sie auf den Arm zu nehmen, dann sollen sie kastriert werden und wieder so ungestört leben wir vorher«. Sagt Marianne, die Freiheitsliebende, die weder andere einengen noch selbst vereinnahmt werden möchte. Toleranz und Zuneigung schreibt man groß in der Familie Haas-Simon. Doch »Prinzessin«, die Schönste der Katzen, beginnt ihr nachzulaufen. Heute lebt sie in Schleswig-Holstein und mag keinen Fuß mehr vor die Tür setzen. Für sie ist der harte Überlebenskampf vorüber. Auch die anderen lassen sich inzwischen streicheln und sind regelmäßige Ferienbesucher.

Wie zu Ernas Zeiten kommen alle immer noch oft und gern in das gewachsene Haus. Und bis heute muss jeder Besucher beim ersten Mal abgeholt werden. Ich allerdings finde den Weg inzwischen ohne Führer und weiß: Nicht zuletzt durch heikle Kurven, verschachtelte Gassen und dorniges Gestrüpp bleibt es ein sicheres Refugium für die Familie Haas.

Falls Ludwig Haas aber doch mal wieder ein Zuschauer beim Wandern begegnet und ernsthaft um einen Termin in seiner Praxis bittet – immer sonntags im Ersten.

LINKE SEITE: So komfortabel kann man im Landesinneren
wohnen: Unter Palmen, vor Natursteinmauern am Pool
des Hotels SON NET in PUIGPUNYENT.

AGROTURISMO:
DIE NACHT IM KUHSTALL

G erade Winterurlauber probieren gern Neues aus. Etwas wie den Agroturismo... Schlafen im früheren Palast oder ehemaligen Kuh-stall? Alles ist möglich, Urlauber hier wie dort herzlich willkom-men. Der kalte, fordernde Alltag weckt die Sehnsucht nach Natur und Idylle. Tatsächlich wird der ländliche Charme von Finca-Hotels immer beliebter. Sie alle liegen in den schönsten Landschaften, weit ab vom herkömmlichen Rummel. Viele werden von alteingesessenen Familien geführt... endlich wieder ein lohnendes Ziel für die nächste Generation! Man hat die früheren Guts- und Bauernhäuser in aufwendigen Aktionen liebevoll umfunktioniert, restauriert und eingerichtet. Intim, luxuriös, komfortabel, oft auf endloser Fläche voller Orangenhaine, umgeben von Wäldern und Äckern. Mit einer Panoramasicht über Berg und Tal, an der man sich bis zum letzten Ferientag nicht satt sehen kann. Innen gekalkte Wände mit Pigmenten eingefärbt, Maler täuschen die Augen mit feinem Pinselstrich, kreuz und quer geflochtene Gartenstühle, das Himmelbett unterm Sternenzelt – wen lockt diese Romantik nicht?

So ist zum Beispiel das SON NET in PUIGPUNYENT ein Gutsbesitz aus dem 17. Jahrhundert, der nach langem Schlaf erst 1998 wieder erwacht ist, und nun in altem Glanz für Gäste aus aller Welt erstrahlt. In GALILEA, dem höchstgelegenen Bergdorf der Insel, thront der Besucher über allen Dächern wie in einem Adlerhorst im kleinen, kultivierten HOTEL EDEN mit seinen stil-vollen Antiquitäten. Die Familie Montaner hat in ALARÓ auf einem 75 Hektar großen Grundstück das Landhotel S'OLIVARET errichtet. Im historischen Ambiente bietet modernste Technik jeden Komfort inmitten geschichtsträchtiger Möbelstücke aus dem Familienbesitz. Subtropische Gärten, Fitnessräume, eindrucksvolle Kapellen und andere Besonderheiten buhlen um den Gast. Der Pool wirft sich mit kleinen Plisseefalten in Schale, um Besucher für das fehlende Meer zu entschädigen. Nur wenige dieser Residenzen bieten beides.

RECHTE SEITE: Das Restaurant SA TOFANA in der ehemaligen
Olivenmühle in festlicher Erwartung

Doch gerade in den einfachen Höfen mit ihrer familiären Atmosphäre lernt der Gast ganz nebenbei die Gebräuche und Lebensauffassungen seiner Vermieter kennen. Nirgendwo ist man Mallorca, den Dorfbewohnern, den traditionellen Sitten, dem Alltag der Menschen so nah wie hier.

»ICH GLAUBE, IHR SCHWEIN MAG MICH«, sagt der Urlauber zum Finca-Wirt. »ES WILL IMMER IN MEIN ZIMMER!«
»KEIN WUNDER, DAS WAR FRÜHER SEINS«.

Jeder weiß, dass es auf dem Land Tiere gibt. Nicht nur Schweine, Schafe, Hühner, Hunde und Katzen – auch Geckos, Mandelratten, Ameisen und Spinnen. Das beste Rezept gegen den kleinen Ekel: Genau hinsehen, um wundervoll irisierende Rücken zu entdecken, kluge Augen, unglaubliche Kraftakte, kunstvolle Gewebe... und man lernt wieder Staunen in einem Urlaub, bei dem die Natur den Rhythmus bestimmt, fern jeder Hektik, ohne Lärm und Asphalt, mitten im winterlichen Grün zwischen blühenden Mandeln und frischem Gemüse. Ein Urlaub, in dem man den mallorquinischen Gastgebern zuschauen darf, und sich sein Gericht mit sämtlichen Zutaten direkt vor der Haustür pflücken kann. Wenn das keine Erholung ist!

Für die kleinen Fincas wie für die eleganten, städtischen PALACIOS entscheiden sich meist Menschen, die zu leben verstehen, die Muße zu schätzen wissen und Familienbetriebe den Hotel-Konzernen vorziehen. Restaurants haben es da nicht leicht. Ihre größte Konkurrenz ist die private Küche, denn nirgendwo wird so gut gegessen wie zu Hause. Also gibt man sich besondere Mühe mit dem Ambiente und der Vielseitigkeit der Speisen, gelegentlich sogar französisch verfeinert! Und weil die Agrar-Hoteliers und privaten Palast-Eigentümer das wissen, setzen sie ihre Fähigkeiten ein, wo sie nur können, bieten Selbstgemachtes aus eigenem Anbau, kulinarische Spezialitäten, eine Erlebnis-Welt in der Natur, die Städter hinreißend finden, und eine großzügige Gastfreundschaft, die man mit einigen spanischen Worten belohnen sollte.

Kehrt der Besucher nach seiner Winterreise heim in die Räume des Vertrauten, des sogar Ersehnten, wird ihm vieles seltsam fahl erscheinen, eng und düster. Melancholisch blättert er in Fotoalben auf der Suche nach verloren gegangener Lebensfreude, und selbst die schärfsten Bilder werden nur schwach widerspiegeln, was tief in seiner Seele auf ewig gespeichert bleibt.

WINTER AUF MALLORCA.

FRÜHLING – PRIMAVERA

LINKE SEITE: Stadthaus-Patio mit handgeschmiedetem
Geländer. Mallorquinische Innenhöfe sind beliebte
Treffpunkte für Familien und Freunde

FRÜHLINGSERWACHEN IM TAL

Wenn der Mandelflor mit seinen blassen Kelchen verwelkt am Boden liegt, dafür die Blätter saftiger und kräftiger werden, ist der Winter vorüber… der Frühling beginnt. Als hätten sie auf nichts anderes gewartet, bringen Mallorquinerinnen die Holzstühle mit den geflochtenen Sitzen ins Freie, hocken handarbeitend vor ihren Türen und aalen sich in der jungen Wärme. Autos rauschen hinter ihrem Rücken vorbei, stören sie längst nicht mehr – man hat sich aneinander gewöhnt. Schon im März sind es oft Cabrios, aus denen rhythmische Musik dröhnt wie ein Signal erwachter Lebensgeister. Noch sind die meisten Blumenkästen leer, doch in den Gärtnereien warten Geranien, Margeriten und Alyssum darauf, sich in Schalen und Kübeln neben den wild wachsenden Zistrosen auszubreiten, die so einzigartig in die Landschaft passen. Eidechsen zieren sandig getünchte Wände, flüchten bei hastigen Bewegungen eilig hinter geschlossene Fensterläden. Es riecht nach kräftigen Gewürzen mit einer Prise Bratensaft. In dieser Jahreszeit kommen die Frauen gern im Patio ihres Hauses zusammen und halten ein Schwätzchen. Hinter dem Rücken ihrer Männer rebellieren sie am liebsten; intime Aufstände, von denen nur sie und womöglich die Nachbarinnen wissen. Der Hof ist von einer Mauer umgeben, im Wipfel des einzigen Baumes nisten Spatzen und Finken, machen ihn zu einem gewölbten Musikbaldachin, unter dem sich trefflich plaudern lässt.

Die Frauen sind sich selbst genug. Es sind die kleinen Dinge, die man hier im Freien neben den Agaven bespricht, gestikulierend und über die Uneinsichtigkeit der Abwesenden traurig den Kopf schüttelnd. Auch das ist Mallorca!

»JE MEHR ICH ÜBER MALLORCA WEISS, DESTO MEHR GIBT ES FÜR MICH ZU ENTDECKEN.« Ein Reiseschriftsteller

RECHTS: Finca-Wonne bei offener Tür.
Gefrühstückt wird im Freien

Während die winterliche Luft milder wird, findet die Sonne einen Hügel, kriecht wohlerzogen dahinter und lässt ein warmes Glühen der Vorfreude am Himmel zurück. Ruhig ist es, nur die Glöckchen der Ziegen und Schafe bimmeln aus der dichten grünen Macchia, dem Buschwerk, das die zerklüfteten Täler überwuchert und auch den Zugvögeln Platz zum Erzählen ihrer Reiseerlebnisse bietet. Man möchte sich mitten hineinsetzen in die blühende Frühlingslandschaft, angelehnt an den rissigen Stamm des uralten, knorrigen Olivenbaumes, der seinen ersten Schatten vor den ungewohnt kräftigen Sonnenstrahlen spendet. Diese sind es, die den Lilien und Margeriten morgens die Münder öffnen.

»MEIN GUTER WEISSDORN, DU KANNST JA NICHTS DAFÜR, DASS ICH FORTGEHEN MUSS. DICH HAB ICH DOCH FÜR IMMER LIEB! ICH GELOBE DIR, NICHT WIE ANDERE TÖRICHTE LEUTE AN FRÜHLINGSTAGEN BESUCHE ZU MACHEN UND EITLES GESCHWÄTZ ANZUHÖREN, SONDERN AUF DAS LAND ZU FAHREN UND DEINE ERSTE BLÜTE ZU GENIESSEN.« Marcel Proust

Ich folge Proust und fahre mit Freunden ins Inselinnere. Zwischen MONTUIRI und MANACOR liegt ein seit Jahrhunderten liebevoll erhaltenes riesiges Gut ELS CALDERERS, das uns einen Blick ins frühere Leben des feudalen mallorquinischen Landadels erlaubt. Noch immer im Privatbesitz, doch nun stundenweise für Besucher geöffnet.

Ich fühle mich in alte Zeiten versetzt, während die Räume voller Geschichten atmen, als sei der Alltag nur kurz unterbrochen, um uns zu empfangen. Gleich müsste uns die gräfliche Familie im Gewand des 17. Jahrhunderts zu Tisch bitten. An ein Tafeltuch, so üppig, dass es für jeden Gast als Rock reichen würde. Draußen saugen frisch geborene Ferkel an der gewichtigen, dösig daliegenden Mutter, winzige Lämmchen springen umher, und im weiten Gehege versucht ein Fohlen, die Zitzen der trabenden Stute zu erwischen. Es riecht nach Erde und sauberem Stroh, das Grün ist grüner denn je und die Feldblumen

RECHTS: Gewaltige Eingänge und filigrane Glastüren
führen oft in überwältigende Innenräume

demonstrieren der Sonne, wie Gelb auf unserem Planeten Erde gefälligst auszusehen hat.

Auf Mallorca gibt es Gutshöfe en masse. Fast alle großen Adelsfamilien, die es durch viele Stürme geschafft haben, ihre Latifundien zusammenzuhalten, wurden mit den Jahren vorsichtiger. Heute sind sie darum bemüht, Ererbtes zu behüten und zu bewahren. Manche stammen von Königen ab, Nachfahren früher Herrscher der Insel, die von bürgerlichen Nachbarn mit lächelndem Respekt behandelt werden. Trotzdem denkt der eine oder andere Herzog durchaus wehmütig an die Großmutter, die sich noch zweiundzwanzig lange Kilometer Blasen an den Füßen erlaufen konnte, ohne ihr Grundstück zu verlassen, immer geradeaus mit kleinen Kurven zum Sand am Meer.

»Ach, Madonna, was wäre, wenn... ja, WENN der Großvater mehr Ahnung gehabt und sich seine merkantilen Ideen nicht als Fallen erwiesen hätten, ...WENN das Feld nicht von Fabriken abgelöst worden und nicht der ganze Besitz dadurch verloren wäre, ...WENN ich nicht nur Erbe des Titels, sondern auch der Habe wäre. Dabei hat uns das ganze Land hier gehört, auf dem nun Hotels, Restaurants und Banken stehen. Ja, wenn...«, mag der Herzog seufzend denken.

LINKE SEITE: Das lebhafte Refugium der Familie Gundlach
in stiller Mittagspause

RECHTS: Noch befindet sich der Pool in frühlingshafter
Warteposition und speichert fleißig Sonnenwärme

Bei uns duftet es ähnlich wie auf dem Herrensitz, und meine Familie ist sicher: Im Frühling gibt es keinen schöneren Platz auf Mallorca als unsere Finca Cassís. Während des Winters ist die dunkle Erde grün geworden, bedeckt von weichem Gras und wuchernden Kräutern, die ihren Höhepunkt an Farbe und Duft jetzt im April erreichen. Schon wärmen die Sonnenstrahlen, noch sind die Strände leer, und auf Cassís gibt es mehr als sonst zu tun:

Pflanzen, Palmen, Obstbäume brauchen Dünger und Pflege, es wird gesät und gestrichen, repariert und präpariert; Geschäftigkeit in besonders friedlicher Atmosphäre. Ich baue meine Schaukel wieder auf, in der ich so gern träume, den Wolken entgegenschwebend. Und Blessie, die ablehnend wilde Katze, führt ihre drei Babys zutzelnd in den Salbeibusch vor unserem Haus. Nun sind WIR deren Restaurant, ohne sie berühren zu dürfen. Sie zu zähmen ist so sinnlos wie der Versuch, die Arme der Bougainvillea in eine andere Richtung zu dirigieren als die, in der sie sich selbst an der Hausmauer entlangfächern. Schon vor ihrem Wachstum haben die Stiele ihre Route auswendig gelernt – wie eine Skizze für den Lauf des Lebens. Und befestigt man rechthaberisch eine der steifen grünen Ranken in fremdem Winkel an den Steinen, dann stirbt dieser Teil der Pflanze, alle Blütenblätter fallen gleichzeitig zu Boden... in ein extravagantes Märtyrertum. Also überlässt man das besser der Natur.

»ACH, NATUR, WER DOCH AUFHEBEN KÖNNTE DEINEN GROSSEN NACKTEN LEIB WIE DIE STEINE, DIE WIR ALS KINDER AUFHOBEN, UND DARUNTER FÄNDE DEIN GEHEIMNIS, KLEIN UND UNENDLICH.« Jiménez

Gelber Löwenzahn, Mimosen, Hundskamille, Raute und knallroter Riesenmohn sprenkeln die Wiesen, als hätte Claude Monet den Pinsel geführt. An den Rändern heben kratzige Disteln stolz ihre lilafarbenen Köpfe. Überall reifende Bäume... Zitrus mit seinem zartbitteren Geruch, Orange, Bergamotte, deren dunkle Blätter wie gewachst aussehen, von einzelnen biegsamen Dornen beschützt. Lavendelbüsche recken sich dem lang vermissten Licht entgegen, noch sind ihre schönen Ähren verhüllt. Und endlich schmückt den Feigenbaum wieder sein breites Blätterdach – nach all den kahlen Monaten. Ach, das Feigenblatt... erstes Kleidungsstück der Schöpfungsgeschichte, paradiesisches Eva-Kostüm, vielleicht damals wie jetzt übersät von mikrofeinen Tauperlen? Im Brunnen, zwischen bemoosten Ziegelsteinen, treibt eine weiße Blüte aus; meine Hand reicht gerade noch dorthin.

RECHTS: Für kurze Zeit geordnetes Chaos –
bis Mensch und Tier aufs Neue einfallen

RECHTE SEITE: Der Pavillon am Pool lädt mit seinen
gemütlichen Korbmöbeln zur SIESTA ein.
Auch Ehepaar Gundlach kann da nicht widerstehen

Die große Palme am Eingang hat ein neues Blatt, das zur Begrüßung leicht im Wind zu wedeln scheint. Unsere sechs Hunde laufen uns begeistert entgegen. Geschützt vor ihnen miaut es tief im Busch, bis Cleo, Blessies schwarzes Katzenbaby, sich plötzlich direkt vor mir am Boden rollt. Vorsichtig berühre ich die ausgestreckte linke Pfote, ehe es laut klagend meine erste Kontaktaufnahme mit einem Hieb beendet! Auch unsere anderen Tiere hören sich noch lebensfroher an als sonst. Sie genießen die Sonne, die längeren Abende, die sprießende Bodennahrung. Der Wind tänzelt durch minzgrünes Laub und parfümiert die sich sacht bewegende untere Luftschicht für wenige Sekunden mit Sommer. Wunschloser Alltag, Seligkeit pur! Ich tanze um den Katzenbusch herum und fühle Frühlingstaumel.

Mag sich ruhig ein Gewitter austoben, Sintflut gegen verschlossene Fenster klatschen... nun ist die Erde getränkt! Regenbögen ziehen übers ganze Tal durch eine nach dem Unwetter schwindelerregend reine Luft, die hungrig macht. Knackiges Gemüse wartet auf bunten Tellern, Obst aus eigenem Anbau, Eier von frei laufenden Hühnern, selbst gebackenes Brot zum lukullischen Frühstück auf der »Morgenterrasse«, die jetzt in wärmender Sonne liegt und wie durch eine Lupe mit ihrem Pomp von schimmerndem Gold für Augenblicke alles vergrößert. Durchdringend duftet es nach Natur und Feuchtigkeit. »Frieden«, traut man sich zu denken! Eine Henne rennt gackernd die Leiter hinauf in ihren Stall, gelassene Heiterkeit bei uns, ihren Beobachtern, auslösend.

Wohin man schaut, Frühlingsfarben: An den Häusern gelber MARÉS aus den nahen Steinbrüchen, ockerbraune Ziegel, achtsam verlegt. Tief im Süden, wo die Salinen beginnen, weiße Salzseen, rundum verklumpte rote Erde, grüne Büsche, neue rosa Knospen, violetter Plumbago. Dünen wie Elfenbein, wenige helle Wölkchen, die das Himmelblau noch blauer erscheinen lassen, türkis das Meer. Im leichten Wind weht eine taubengraue Tüllgardine.

Es ist Frühling! Zusammen mit dem Winterbeginn meine Lieblingszeit auf Mallorca.
ADIOS INVIERNO! BIENVENIDO PRIMAVERA....

MARKT-TAG ALS FRISCHEKUR

Früh, wenn es noch richtig kühl ist, entfaltet PALMA seinen besonderen Reiz. Die Altstadt mit ihrem Gewirr enger Gassen wirkt dann wie ein verwunschener Ort, der gerade aus seinem Dornröschenschlaf erwacht. Trotz der winzigen, engen Bauer zwitschern die Vögel auf den Balkonen. Nachts schweigen sie, bis ihnen im Morgengrauen wieder einfällt, wie man singt. Oftmals laut kreischend, wissend, dass der Tag ohne sie begonnen hat. Zu gern würden sie einmal, nur einmal, über sprühende Wellen flitzen, die Flügel ausbreiten und den Segeln unter ihnen zeigen, wie es gemacht wird mit dem Schwung und dem Wind. Erste Besucher flanieren über das mittelalterliche Pflaster der eleganten, amüsanten und trotzdem behaglichen Inselmetropole am Meer, historische Hauptstadt des gesamten Archipels, zu Füßen der Kathedrale LA SEU. Vorn schmale, geschliffene Glasfenster, dahinter die steinerne, unversöhnliche Haut einer langen Geschichte um moslemische Minarette und christliche Glockentürme aus gotischer Epoche mit einer Prise Renaissance.

EIN MINIMUM AN STEINEN UMGIBT EIN MAXIMUM AN RAUM.

Innen vierzehn Säulen, doppelt so hoch und halb so dick wie die des Kölner Doms, dazu die Pracht der Licht-Rosette mit einem Durchmesser von elf Metern aus tausendzweihundertsechsunddreißig Mosaiksplitterchen des Regenbogens.

Nachdem im 15. Jahrhundert der von Regenfällen wild gewordene Fluss RIERA viele Menschenleben gefordert hatte, wurde in PALMA sein altes Bett zum PASSEIG DES BORN und zur VIA ROMA, den RAMBLAS, umfunktioniert, heute die edelsten Flaniermeilen Palmas. Hier gehen Einheimische wie Urlauber nach einem ausgedehnten Mahl spazieren, betrachten die Barockfassade des PALAU SOLLERIC, erstehen einen Strauß bunter Frühlingsblumen unter den Platanen, die die Allee säumen, und schauen verlegen hinüber zum KLOSTER SANTA TERESA, aus dem man noch nie jemanden zu Gesicht bekam.

RECHTS: ILLUMINADA Y CISCO, die Bäuerin und der Esel,
ein Gespann, das – noch – aufeinander angewiesen ist

Arbeiter starten im Café mit einem CORTADO, auch der MERCAT DE L´OLIVAR
rüstet sich für den Ansturm der Kunden. Mercat de l´Olivar... diese tropisch üppige
Augenweide! Dieser Markt der Genüsse! Als Treffpunkt, Gerüchteküche und Ein-
kaufsquelle einer meiner Lieblingsorte – gesellig, geschäftig, gefräßig. Und ein
Beweis für das breite Spektrum landwirtschaftlicher Produkte, auf die die Einheimischen stolz sind: VERDURAS, gesundes Grünzeug aller Art, Feigen, Datteln,
Zitrusfrüchte, aber auch Wurst, Schinken, Käse und Wein. O ja, ein robuster Magen ist durchaus von Vorteil.

Mit gerundetem Mund spricht man das kehlige MALLORQUÍ, das so unterschiedlich klingen kann; eine Variante des
CATALÁ... nach der Ära Franco leidenschaftlich und bewusst gepflegt, wie alle damals verbotenen Dialekte. Bis an die Decke der
hohen Hallen schwirren die lauten, heiseren Stimmen, ohne die die Atmosphäre nicht dieselbe wäre. Kleine bebrillte Frauen
in graugemusterten Kitteln und roter Strickjacke wedeln mit der linken Hand vielsagend vor der Nase des Händlers herum,
die rechte umklammert fest die gestreifte Einkaufstasche, während ein fachkundiger Blick über das Angebot schweift und tief
im Hals gerollte Laute hin- und herfliegen. Tellerchen voll geschnittener Wurst laden zum Probieren ein. Prüfend nascht ein
betagter Herr mit Strohhut und Zigarillo an der echten, seltenen SOBRASSADA DE MALLORCA DE CERDO NEGRO.

Man kauft und verkauft nicht nur, sondern erzählt einander Alltagsgeschichten oder Mythen der Insulaner, RONDALES
aus alter Zeit.

»HIER BESTEHEN NOCH SITTEN UND GEBRÄUCHE, VON DENEN IM REST SPANIENS SOGAR DIE ERINNERUNG
VERLOREN GEGANGEN IST.« Juan Cortada

An stark riechenden Ständen kann der Kunde frisch gefangenen Fisch erwerben, Tapa-Bars präsentieren ihr reichhal-
tiges Sortiment, in geheimen Ecken wird gegessen: ARRÓS BRUT, CONILL, SOPES, LLOM AMS COL, RAPA A LA PLANCHA – lauter
mallorquinische Gerichte! Bloß keine ausländischen Experimente! Es duftet nach Kräutern und Geräuchertem. Haben

RECHTS: Mallorquiner unter sich – auch
ein Schwätzchen gehört zum Marktbesuch

Schinken und Käse im Bastkorb Platz gefunden, dürfen Oliven nicht fehlen, schwarz oder grün, mit oder ohne Knoblauch, am besten kostet man von allen. Geschickt wirft die Frau mit der weißen Schürze ihre Ware in den Korb, die Hände schon wieder bereit zum Abzählen der Münzen. Und Kapern? ANTONIA, GUAPA, lass uns was mit Kapern kochen! Aber nicht heute, denn wenn Tomaten, Paprika, Zucchini, Auberginen und Kartoffeln für das klassische TUMBET eingekauft sind, soll LA FAMILIA ruhig bis morgen warten – dann schmeckt jeder Eintopf am besten.

Zu Ostern, im April, nach all den Prozessionen und Feierlichkeiten, dem Segnen von Olivenzweigen, den Umzügen der Pilger im Büßergewand, nach all den Anstrengungen werden bei lauten, fröhlichen Festen PANADES offeriert, gefüllte Pasteten, die man fertig auf dem Markt bekommt oder daheim selbst zubereitet. Später serviert die meist vollzählig versammelte Familie einen knusprigen, kräftig gewürzten Lammbraten als Hauptgericht und als Dessert RUBIOLS, mit Puderzucker bestreute Marmelade-Teigtaschen. Die Kleineren strapazieren derweil ihre Zähne mit klebrig-kunstvollem MONA DE PASQUA. Wenn dabei noch viele lieb gewonnene Freunde am Tisch sitzen, hält sich die Last der Speisen mit der Lust am Gaumenschmaus die Waage. Ende der Fastenzeit! BON PROFIT!

Märkte gibt's im ganzen Land: Essen und Geselligkeit gehören eben für Mallorquiner zur wichtigsten Daseinsfreude. Selbst in ihren Märchen, die auch auf den Balearen fast immer mit dem Satz enden »...und wenn sie nicht gestorben sind, dann leben sie noch heute«. Doch nie ohne die hiesige kulinarische Fortsetzung:

»...UND SIE SETZTEN SICH HIN UND ASSEN GEBRANNTE MANDELN«.

LINKE SEITE: Üppige Stoffe, filigrane Kandelaber, Kunst an der
Wand – ein Esszimmer, in dem Sinnlichkeit eine große Rolle spielt

RECHTS: Auf Mallorca hat fast jede Finca ihren Pool, besonders
wenn sie weit vom Meer entfernt liegt

HANDSCHRIFTEN –
INSELGESICHTER UND WOHNKULTUR

Mallorca – das ist eine Mischung aus iberischer Tradition und ausländischen Einflüssen. Überall eine Prise Düsseldorf, Manchester, Göteborg, Leipziger Allerlei mit immer mehr Minsk. Auch ohne Sprachkenntnisse bekommen Touristen und Emigranten alles wie gewohnt – bis auf einheimische Freunde. Baufirmen, Geschäftsinhaber, Service-Anbieter, Künstler... für jede Nation das eigene Netzwerk, aufgeteilte Enklaven, eine gewaltige Maschinerie. Doch im Bauch, im Landesinnern, schwebt man auf leichten Schwingen zurück ins Mittelalter wie auf den Flügeln der vielen Schopfmühlen, die ein Wahrzeichen der Insel sind. Hier gibt es keine begehrlichen Blicke reicher Ausländer auf mögliches Bauland für Casinos, Hotels, Luxusgebäude. Hier begegnet man schwarz gekleideten Bäuerinnen, jede die Königin ihres Reiches, Männern auf beladenen Eselskarren, deren sandsteinfarbene Haut vom Staub erzählt, Schäfern, Holzschnitzern, schwer schuftenden Menschen mit wettergegerbten Gesichtern voll tiefer Furchen, in denen viel zu lesen ist.

»WERDEN DIE SCHAFE AN EINEM FREITAG BEI VOLLMOND GESCHOREN, DANN KOMMEN SPÄTER KEINE MOTTEN IN DIE WOLLE«.

Davon sind sie überzeugt, die Landwirte, besonders die CAMPESINOS des Nordens, die die Künstler der Einfachheit sind, Meister bei allem, was sie mit ihren Händen bearbeiten. Gerade die Älteren haben schöne Köpfe, Spiegel des Lebens mit lebendigen Augen, umrandet von Spuren jahrhundertelanger Ahnenkämpfe, die nun, Generationen danach, den wohl verdienten Frieden zeigen. Weit ab von jedem Lärm lebt es sich auf den Höfen wie in grauer Vorzeit, als König JAIME PRIMERO Mallorca eroberte... immerhin 1229. Bis jetzt ist der Alltag dem der Ahnen ähnlich, doch inzwischen mit einigen technischen Erleichterungen. Die Häuser mögen verfallen wirken, trutzig, abweisend, innen jedoch zeigt sich beim zweiten Blick eine andere Seite: Komfort und ererbte Werte, wenig erhellt von einem Sonnenstrahl.

RECHTS: Stadtpaläste in ihrer alten Pracht
gelangen wieder zu früherer Wertschätzung.
Immer mehr werden aufwendig restauriert

Erzherzog Ludwig Salvator, der Habsburger Mallorca-Liebhaber und Förderer staunte etwa um 1890:

»GLEICH BEIM EINTRITT IN DAS HAUS GELANGT MAN IN DAS HAUPTGEMACH, WELCHES NUR VON DER TÜRE
HER BELEUCHTET WIRD, HÖCHSTENS LÄSST NOCH EIN KLEINES FENSTER ETWAS LICHT HEREIN; ES DIENT ZUM
GEWÖHNLICHEN AUFENTHALT AM TAGE.«

Daran hat sich nichts geändert. Noch immer gibt es den meist düsteren Salon für fremde Besucher, nur den Vertrauten ist das eigentliche Wohnzimmer vorbehalten. Nicht jeder muss sehen, wie man lebt! Selbst Adelspaläste und Patrizierhäuser in PALMA treten nach außen oft bescheiden auf mit ihren schmucklosen Fassaden und uniformen Fensterläden. Auch Landsitze ähneln eher Festungen als Feudalstätten, denn zum Schutz vor gewalttätigen Invasoren zeigte man lieber die karge Schulter: Bloß nicht demonstrieren, was man hat! Trotzdem weiß man in ganz ESPAÑA Reichtum und Habe zu schätzen. Gerade auf Mallorca, das im Vergleich zu anderen Regionen Spaniens mehr als wohlhabend ist. SALUD, PESETAS Y AMOR – beachten Sie bitte die Reihenfolge: Ohne Gesundheit kein Geld, aber Geld vor Liebe!

Waren nicht Inselbewohner stets verschlossener als »Festländler«? Fraglos ist die durch Wasser getrennte Landschaft etwas Besonderes, eine in sich geschlossene Welt, ein exklusiver Tupfer im Ozean mit weitem Horizont. Dass man reif wird für die Insel, dauert nicht grundlos seine Zeit – man muss es sich verdienen.

Im Frühjahr setzt emsige Bautätigkeit ein! Die Kommunen präparieren Straßen und öffentliche Gebäude für die Saison, die wie jedes Jahr die Kassen füllen wird, Strände werden aufgeschüttet und gereinigt, Wege befestigt, Privatleute wälzen Prospekte. Was jetzt nicht geschafft wird, muss bis zum Herbst warten. Von Anfang Juli bis Ende August stehen die Schulen leer, die meisten Mallorquiner sind im Urlaub. Viele besuchen Angehörige in Südamerika, Kuba und auf dem Festland. Unternehmen machen Betriebsferien, Baulärm ist verboten. Also beeilen sich alle, um die Renovierung vor Sommerbeginn zu beenden. Noch erlaubt das Klima hektisches Treiben. Spediteure transportieren hin und zurück, Farbeimer werden angeschleppt, Läden gestürmt, Dekorateure befragt – stets begleitet vom Rattern kampfstarker Motoren und dem Hämmern der Pressluftbohrer. Viele moderne Häuser gehören nicht gerade zu den Errungenschaften, auf die Mallorca stolz sein kann. Ebenso wenig wie auf seine antiquierte Müllbeseitigung. Man wünscht sich, die Inselregierung möge mehr in Umwelt, Tierschutz und die Allgemeinheit investieren.

RECHTS: Heiter-mediterranes Ambiente einladend
illuminiert: Nun können die Gäste kommen!

Die ARCHITEKTUR – gewiss ein Kapitel für sich. Mallorca war immer wieder leichte Beute größerer Seemächte, und natürlich hinterließen die häufig wechselnden Fremdherrscher ihre Spuren, die bis heute an den verschiedensten Einflüssen zu erkennen sind. Die ersten Siedler stammten aus Südfrankreich, ihre Sprache findet sich im Mallorquin, ebenso wie Alemannisches speziell in Namen erhalten blieb. Griechische Händler überfielen die Franzosen, gefolgt von römischen Kolonisten. Erst die Araber blieben länger als 500 Jahre und prägten damit die Insel-Architektur entscheidend. Überall maurische Zeugnisse: In kunstvollen Bögen, Säulen, geometrischen Mustern, Terrassen- und Bewässerungsanlagen. Der berühmte Hauch des Orients. Sehr viel später brachten ausländische Hausbesitzer ihren früheren Wohnstil mit nach Mallorca. Etliches sehenswert, anderes unpassend schwülstig. Nach und nach entwickelte sich ein eigenes mediterranes Bild, eine Essenz des natürlichen Wohnens: Holz, Ton, Stein, Wolle, Hanf, Leinen, Seide. Damit lassen sich extravagante Stimmungen zaubern, die wirkungsvoll die Funktionen der Räume und Möbel betonen, einen sanften Übergang von innen nach außen schaffen, Brücken schlagen.

Die Insel-Manufakturen sind berühmt für ihre kunstvollen Werke: Kacheln, Keramik, Stoffe und Leder. Und natürlich nutzen Hoteliers wie Privatleute diese verschwenderische Fülle des Angebots. Jede Saison bietet eine neue Chance. Trends ändern sich. Gelegentlich werden Schnörkel, Verzierungen, Embleme abgelöst, und das aktuelle Geheimnis lautet: Weniger ist mehr. Ein Quentchen Zen... minimalistisch, puristisch, meditativ. Neben Opulenz klösterliche Strenge, Leere, Beschränkung auf das Wesentliche.

Wie alles auf der Insel existiert beides mehr oder minder harmonisch nebeneinander. Es ist ein Land voll von Kontrasten, gerahmt vom noch kaum befahrenen, rauen Mittelmeer mit seinen eigenwilligen Buchten. Und dort, wo die Welt am schönsten ist, suchen sich die Menschen ihre Refugien. Die einen als Besitzer, die anderen zu ihren Diensten.

Nichts Neues. Aber Mallorca ist die Insel der Wahrheit! Hier kommt man sich auf die Schliche, wenn man vor Ängsten und Schlimmerem geflohen ist, neue Wege sucht, immer dem Traum hinterher... schwankend zwischen euphorischer Hoffnung und zerborstenen Illusionen.

LINKE SEITE: Ungewöhnliche Wohnelemente für Innenräume:
Mit Mosaiksteinen, Granit und Rundbögen dem Licht entgegen

RECHTS: Die alte Inselkunst hat alle Trends und Witterungen
überlebt – Holzbohlen, Eisennieten, Türklopfer aus Eisen

Im Süden scheint der Frühling den Wunsch nach Veränderung zu verstärken, verführt zu innovativem Dekor, frischen Eindrücken. Ein Meer von Farben soll her, die signalisieren, wie heiter, warm und beschwingt sie auf unsere Seele wirken. Blau, gelb, grün, dazu gebrochene Sandtöne, Crème frâiche, gemischt mit Mokkasahne, raffinierte Nuancen in rötlichem Terracotta, Barro Cocido, die sich wie selbstverständlich ergänzen. Das helle Holz der Insel, Pino Norte, vermittelt Bodenständiges, die Beziehung zur Erde, zur Flora. Farben der Umgebung, die ihr Aussehen wandeln wie die Landschaft unter der Sonne. Alles fließt zusammen – schweres Gewebe, gemauerte Schränke, klare Linien, spinnwebenfeine Stoffe – Ruhe für das Auge, Verbindung von organischer Natur mit gegliederter Architektur. Erst im Wechselspiel von Licht und Schatten, Sonne und Mond kommen die Materialien richtig zur Geltung, werden zum Fest für Ästheten.

Wunderschöne, phantasievolle Baldosas, Azulejos, schmücken die Bäder. Sinnliches Vergnügen, Fliese trifft Fuß…, während das Tagesblau reflektierende Strahlen durch kleine Durchlässe wirft, kurze künstlerische Effekte. Ein meeressalziger Windhauch kühlt die Terrassen vor erster Hitze, der Blick streift das Land, das mit seiner überwältigenden Vegetation in strahlendem Licht vor einem liegt. Innen geht man auf den Raum am Ende des Ganges zu. Auch dort sind die Türen weit geöffnet und es sieht aus, als ergieße sich das Meer direkt ins Wohnzimmer, ein Effekt, den die leuchtenden Fußbodenkacheln noch betonen.

Durch die Fenster bewegt sich der Luftzug im Haus wie Atem, lüpft die Ecken der Zeitungen, die lässig herumliegen, legt sie wieder zurück, träge wie die Bewegungen erfahrener Elefantenohren. Schmetterlinge fliegen herein und schräger, warmer Regen. Wenn der gelbe Löwenzahn im Garten zu Samen wird, schweben zweitausend Federpunkte voll treibender Fruchtbarkeit umher.

IST DAS NICHT WUNDERVOLL?

RECHTS: Stillleben am Hafen von CALA FIGUERA

RECHTE SEITE: Ein prüfender Blick auf den frisch
gefangenen Fisch

TRADITION MIT ZUKUNFT

Um 4 Uhr legen die Fischerboote in PALMA an der LONJA an. Fisch-
auktion. Die Händler schreien ihre Gebote heraus, je nach Absicht
die ganze Skala von ernsthaft bis ausgelassen. Im diffusen
Dämmerlicht nimmt die Stimmung für Frühaufsteher und benommene Nacht-
schwärmer langsam Partyformat an. Trotzdem hört man, wie Rafael mit seiner
Llaut herantuckert. Die Familie besitzt vier dieser typisch mallorquinischen Boote;
auch der Vater und ein Bruder setzen die berufliche Tradition fort, der schon die Ahnen folgten. Im quirligen Hafen verkaufen
sie Barsche und Brassen, frische DORADAS, MEROS, LUBINAS oder VERAT, die Makrele.

Rafael lacht strahlend in die Menge, die jede Minute deutlicher im Dunst des Morgennebels auszumachen ist,
stimmt ein in den Chor der Angebote, hat Erfolg mit weißen Zähnen und braungebrannter Haut, an der das feuchte Hemd
klebt. Nicht nur Fische gehen ihm ins Netz. Allerdings sind die wenigsten der übrig gebliebenen tausendfünfhundert Fischer
Mallorcas so attraktiv.

An der Mole werden die Sardinen und Thunfische sortiert, Kennerblicke suchen die schönsten aus. Nach zwei Stunden sind alle Geschäfte gemacht. Später sitzen die PESCADORES vor ihren Kuttern, eingewebt in farbige Maschen, die sie
flicken, den Holzkorb mit Werkzeug dicht neben sich. Normalität, die man gern das Salz der Erde nennt. Ein aufmerksamer
Blick ins Wasser zeigt, was den Männern entgangen ist: PULPO, POP, OKTOPODE – der Tintenfisch, der sich über sie lustig macht
und in wirbelnden Schatten zu neuen Formen auf und ab fließt, während sie übers Geschäft reden. Klar gab's schon bessere
Zeiten, SI, SI, aber auf dem Sandboden der sauberen, seichten Gewässer ist in etwa dreißig Meter Tiefe der Tisch bis heute gut
gedeckt – idealer Lebensraum für viele Arten. Nur wenn man geschützte Krustentiere einfangen will, muss man ab März mit

RECHTS: Selbst geflicktes Netzwerk: »Die Arbeit höret
nimmer auf«

seinen Körben schon weiter runter, bestimmt vierhundert Meter! Gelingt es dann noch, Stürmen und Klippen zu trotzen, bringen Langusten gute Einnahmen. Hummer hingegen darf erst im Sommer, der begehrte Messerfisch erst im Herbst gefangen
werden. Bis dahin haben diese Tiere Glück und können sich durch die phantastische Unterwasserwelt tummeln, von tau-
chenden Flechten der Sonne liebkost. Geraten sie versehentlich doch in eines der Netze – husch, husch, zurück ins Meer!
Wenn... ja, wenn sich jeder an die Gesetze hält...

»Te conozco bacalao aunque vengas disfrazao« Altes Fischerlied
»Tarnst du dich auch noch so schlau, ich erkenn dich, Kabeljau« Frei übersetzt

Rafael wickelt sein Garn auf, bündelt es zusammen, will den Rest seiner Fische Touristen anbieten. Auch die anderen
holen ihren Fang ein, verpacken ihn in Kisten und liefern den Restaurants die Beute aus ihrem zwei Kilometer langen Netz. Der
Fischzug hat sich gelohnt. Doch nach getaner Arbeit ist erst einmal ein Frühstück fällig – mit einem ordentlichen Schluck Rosé.
Kein schlechter Tag heute...

Früher kam für die Insulaner alles Böse vom Meer: Invasoren wie Piraten... darum erbte das jüngste Kind die unren-
tabelste Parzelle des Besitzes dicht am Wasser und lebte meist vom Fischfang. Ironie des Schicksals: Nachdem Touristen die
Eroberer ablösten, wurde dieses Familienmitglied das reichste, während der bevorzugte Hoferbe oft ums Überleben kämpfen
musste. Fischer blieben die wenigsten. Obwohl mittlerweile die Gewässer um die Balearen herum ziemlich ausgeschöpft sind,
teure Importe zum täglichen Speiseplan der Gastronomen gehören, kennen Einheimische immer noch erstklassige Quellen
für mediterrane Kost. Ein guter Tipp sind die Hafenrestaurants abseits der Touristengebiete, wobei man nie vergessen sollte:
Mallorquinische Fischer fischen – mit wenigen Ausnahmen – sonntags nie und erst recht nicht bei Sturm.

Gabriel gehört zu den Forasters, der Landbevölkerung. Er war sicher, dass sein Sohn mit vierzehn Jahren Schafe und
Ziegen züchten, sie hüten, versorgen und nutzen wird, so wie er selbst es vom Vater und dessen Vater übernommen hat. Doch
Benito, der Verräter, ist nach Palma ausgewandert, wo er jetzt für eine Bank Scheine zählt. Pfui! Qué Asco! Bei dem Gedanken
spuckt der kleine Mann mit dem Gesicht wie Schalen einer Walnuss verächtlich neben seinen rechten Fuß, die Adlernase

RECHTS: Siesta muss sein – ländliche Idylle
im Frühlingslicht

krümmt sich noch mehr. Also blieb Gabriel mit den Tieren allein – wie all die Jahre zuvor, nur begleitet von Basko, dem Pastor Mallorquin, seinem Schäferhund. Ja, wenn der Verdienst geringer geworden wäre... doch das ist er nicht! Schließlich ist der Bedarf an Nahrung und Wolle durch die Touristenströme gestiegen, ländliche Idylle mit grasenden Viehherden inklusive. Aus dem fruchtbaren Insel-Herzen, der Pla, fährt Gabriel regelmäßig von seinem Wohnort Cura zum Tiermarkt nach Sineu. Mit und ohne Grund. Manchmal kommt er heim mit einem Hahn, den er gar nicht wollte, aber hätte er etwa als Einziger nicht mitfeilschen sollen? Es wird sich schon eine Verwendung finden. Nun, nach getanem Tagewerk, singt Gabriel mehr laut als schön Tonades, Arbeiterlieder in Moll, die bereits sein Urgroßvater kannte. Der wird an derselben Stelle unter denselben Bedingungen dieselbe alte Schäferweise geschmettert haben, die auch damals mit dem Feld, den Bäumen und dem matten Licht zu einer Einheit verschmolz.

»Der Scherer schert seine Schafe so schön, so gekonnt führt er die Schere, dass er ein Lied bei der Arbeit singt, und jetzt sieht man die kahle Haut...«

Mitte Mai müssen die Schafe geschoren sein, um die Sommerhitze ertragen zu können. Danach wird traditionell ein großes Fest gefeiert, bei dem sich die Holztische unter der Last der Speisen und Getränke biegen. Wenigstens einmal im Jahr so richtig schlemmen, ohne auf die Kosten zu achten! Dann kommen sie alle zusammen: Die abrasierte Herde mit ihren Hüte-Hunden, Familien, Nachbarn, Freunde und ein paar der anderen noch aktiven Hirten. Mag sich rundherum auch vieles verändert haben, im Pla ist die Zeit stehen geblieben.

Dieser widersprüchlichen Landschaft fehlt die Lieblichkeit des Mittelmeerraumes. Hier bleibt die Kirche im Dorf. Mittendrin. Wie ein Symbol abgelehnten Wandels. Es Pla ist die Scholle, das ursprüngliche, bodenständige Mallorca voller Rituale, das Besuchern Respekt abverlangt und Neuerungen wie selbstverständlich Einhalt gebietet. Trotzdem bezaubert die Gegend auf ihre Weise: Saftige Wiesen, weite Kornfelder, endlose Netze von Natursteinmauern und imponierende Talayots, hohe Türme aus mächtigen Quadern.

LINKE SEITE: Selten sieht man die Tore so weit geöffnet,
die zu den Höfen hinter den Palmen-Alleen führen

RECHTS: Gabriels Orangenbaum voller Früchte

Gabriels kleiner Acker hinterm Hof liegt etwas außerhalb von CURA. Er dient ihm hauptsächlich zur Selbstversorgung und zum Anbau von Viehfutter. Ein wenig Getreide, Tomaten, Salat, Mais und Zwiebeln. Gut, dass vier ausladende Johannisbrotbäume dazu gehören; die Schoten essen die Tiere am liebsten. Selbst Basko. Ganz selten stellt Gabriel daraus eine Art Mehl her, oder – nach einem Geheimrezept der Großmutter – PALO, den dunklen, herben Kräuterschnaps. Nur für sich und ein paar Freunde, versteht sich! Und seine besten Tomaten verarbeitet er zu SOFRIT, einer würzigen Soße, die er sich meist dann gönnt, wenn er mal wieder tagelang keine Menschenseele zu Gesicht bekam. Richtig verkauft werden lediglich sein Ziegenkäse und die Früchte der dreiundzwanzig Orangenbäume, die ein Restaurant als frisch gepresste Köstlichkeit durstigen Gästen anbietet. Und falls Gabriel alles zuviel wird, ist ihm – wie fast jedem Bauern – ein fleißiger Erntehelfer stets willkommen. Der klettert willig hinauf in die Kronen, pflückt das Obst, sammelt es in weichen Körben und zockelt davon, seine wacklige Holzleiter hinter sich herschleifend wie einen Drachenschwanz. Gleich darauf erscheint er wieder mit einer dünnen Stange, um mit weit zurückgeworfenem Kopf schwarzglänzende Schoten des neun Meter hohen, immergrünen GARROFERS abzuschlagen. Dabei sitzt Basko mit aufmerksamen Augen unter dem Johannisbrotbaum, um die Gaben aufzufangen, die an Körben und Netzen vorbeifallen; so lange, bis ihn jemand davonjagt.

»O WIE TRAURIG SIND DIESE HEIMWEGE, VON DEN FELDERN ZURÜCK IN DIE STADT!
DIE KÖRPER GERÄDERT VON MÜDIGKEIT, UND ALL DIE GERÄUSCHE SCHALLEN IM LETZTEN LICHT« Jiménez (etwa 1911)

Die Inselmitte ist das Land der Bauern und Viehzüchter, der geografische und geschäftige Mittelpunkt SINEU, das Handelszentrum. Ein Nabel mit fester Schnur in jede Richtung. Früher wie heute. Hier trifft man sich, bereits im Mai flimmert die Sonne. Wann, bitte, sollen sich so die Bergseen füllen, um den enormen Wasserbedarf der kommenden Monate zu stillen? QUANDO, POR FAVOR? Das Warten auf Regen gehört inzwischen nicht nur zum Alltag jedes Bauern, sondern auch Hoteliers fürchten die Beschwerden schamponierter Gäste, denen plötzlich die Dusche den Dienst verweigert, Bürgermeister mögen keine Rationierung, wenn es darum geht, die Gemeindegärten zu gießen, na, und dann erst die Golf-Club-Manager...!

RECHTS: Nur noch wenige Bauern pflügen
ihren Acker mit Hilfe natürlicher Pferdestärke

RECHTE SEITE: Die Schopfmühlen, Wahrzeichen
Mallorcas, drehen sich immer öfter in der Weite
des Hinterlandes

Jeder Einfliegende sieht als Erstes die würdevolle Parade zahlreicher Flügel unter sich. Diese Wassermühlen waren es, die das Riesengelände für den Flughafen trocken gelegt haben. Bis zum vorletzten Jahrhundert eine Utopie – Mallorca kannte nur Getreidemühlen, die mit der Kraft des Windes die Ernte zerkleinerten. Später wurden jene Zahnrad-Werke dank eines pfiffigen Holländers mit Kurbelwellen zu Wassermühlen umgerüstet, auch äußerlich erkennbar an der Zisterne, die das kostbare Nass erst einmal zu speichern hatte. Und die damit die leidgeprüften Esel ablösten, deren monotoner Kreislauf rund um die Mühlsteine nie endete, mit dem sie das Wasser tief aus der Erde pumpten. Mittlerweile gibt es gut tausend Mühlen mit unterschiedlichsten Rädern aus Holzbrettern oder Blechgittern. Und sogar manche mit geblähten, aufgespannten Segeln, die sich stolz emporrecken: Seht, wie wir ohne Benzin und Bizeps fördern können...

Schaue ich nun von hier unten zum Haus von Gabriel hinauf, erblicke ich einen fleißig bewässerten grünen Hang, der wie ein Ozean bei Ebbe hinunterwogt. Ich weiß, dass er darüber nachdenkt, seine alte Wassermühle wieder einzusetzen, Sí, Sí, denken kann man ja mal... Und wenn jetzt langsam die Schatten länger werden, hat die mallorquinische Trägheit ein Ende, füllen sich die Dorfkneipen vorwiegend mit alten Männern, die einander von den Anstrengungen des Tages berichten, von den Ideen der Zukunft, die spätestens die Enkel in die Tat umsetzen sollen... spätestens!!

LINKE SEITE: Die SEIS MOLINAS von Peter Maffay
in der Ebene ES PLA

RECHTS: Frisches Gemüse direkt vom eigenen Feld
genießt der Musiker besonders

WO PETER MAFFAYS MÜHLEN MAHLEN

E S PLA, die Ebene, die sich fast von LLUCMAJOR bis hinter die Bucht von POLLENÇA erstreckt, gehört zu den landschaftlich produktivsten. Nicht nur für den Hirten Gabriel, auch für den Musiker Peter Maffay..., der ebenfalls die Magie, den Zauber Mallorcas vor langer Zeit entdeckt hat. Ob selbst bei ihm die Uhren anders gehen? Wenn man in der Früh' losfährt, immer der Nase nach, sind nach einmal hin und zurück Insel und Tag zu Ende. Viel konzentrierte Schönheit auf wenigen Kilometern. Beginnt man den Ausflug wie ich im Gebirge, scheint die Welt mit einer gewissen Anmut zweigeteilt zu sein: Oben hell, unten dunkel. Nur die Spitze des Berges krönt sich mit dem Gold der Sonne, die niedrigeren Hügel bleiben bescheiden im Schatten, verpackt in melancholisches Oliv. Später, schon kurz vor dem Ziel, streichelt ein sanfter Wind die Augen, denen sich hinter jeder Kurve Wunderbares bietet: Grüne Hänge, bewaldete Schluchten, jäh hinabstürzende Felswände, weiße Gischt, pulsierendes, mediterranes Leben...

Heute ist Feiertag. Tief im Innern der Insel, auf dem Weg zur Finca von Peter Maffay, begegne ich einer laut schwatzenden Familie, mindestens zwölf Personen, die sich zum Picknick im Wald niedergelassen haben. Ehe man sich aufmacht zum geselligen Treffen mit anderen, wird gekocht, gebacken, Wein und Wasser eingepackt. Es riecht nach Knoblauch, knusprigem Hühnerfleisch, Genuss in mehreren Gängen bis zum Abend... und vielleicht als Abschluss die Hoffnung auf prickelnde Nächte.

Ich fahre im Nordosten die ausgebaute Straße in der Nähe von POLLENÇA geradeaus und halte die Augen offen, um nicht die unscheinbare Abfahrt zu verpassen. Ab jetzt heißt es Achtung, denn sonst werde ich nur als gut geschüttelter Cocktail mein Ziel erreichen. Die Holperei auf unbefestigten Wegen findet ein abruptes Ende, als ich auf einem malerischen Berghang die sechs alten Mühlen stehen sehe. SEIS MOLINAS, die zu Peter Maffays mallorquinischem Besitz gehören, der sich weit ausdehnt in ein eindrucksvoll bewirtschaftetes Tal. Vor vielen Jahren kaufte Maffay das brache Land, ließ es kultivieren

RECHTS: Plauderstündchen mit Alida Gundlach
auf dem bäuerlichen Anwesen

und baute Gemüse, Obst und Bäume an, schaffte ein intaktes bäuerliches Anwesen, das seinesgleichen sucht. Inzwischen wurde daraus durch weiteren Landerwerb ein riesiges Areal mit verschiedenen Gebäuden. Einen Teil hat er an Mallorquiner verpachtet, den Rest nutzen er, Familie, Freunde und seine Mitarbeiter, denen er viel Freiheit einräumt. Mir werden auf der Stelle köstliche Salate, Radieschen, Möhren und Tomaten angeboten, direkt aus der Erde und darum enorm sinnlich! Die Blätter der Endivien glänzen silbern im Wind wie Schwärme zarter Fische, während Peter Maffay erzählt, dass er durch spezielle Kulturen auf Chemie ganz verzichten kann. Wie zum Beweis beißt er herzhaft hinein in einen verwegen aussehenden kugeligen Kohlrabi.

Eigentlich lag es von Anfang an in der Luft, dass Peter Alex Makkay einmal viel fliegen würde. Schließlich war sein ungarischer Vater Flugzeugmechaniker und die Berufsaussichten in Rumänien, dem Geburtsland, eher schlecht. Alles bewegte sich auf Amerika zu, das Ziel seiner Sehnsucht, obwohl die Mutter als Siebenbürgen-Deutsche andere Möglichkeiten gehabt hätte. Doch verdreht wie das Leben manchmal ist, siedelte die Familie »nur vorübergehend« nach Mühldorf am Inn aus. Eines der Provisorien, die oft ein Leben lang dauern. Die Schule interessierte Peter nicht, lieber ging er 1968 nach München, lernte Chemiegraf und spielte FOLK in einem Club. Hier wurde er entdeckt und hatte seinen ersten großen Erfolg mit »Du«, einem Musikstil, den er sich trotzdem nicht aufzwingen lassen wollte. Immerhin hatte er COUNTRY schon gesungen, als man in Deutschland kaum den Begriff kannte… sollten es jetzt wirklich Schlager sein? Nein, eher Rock! Oder besser Rock-Balladen! In jedem Fall besondere Melodien, gute Texte… wozu verstand er etwas von Harmonien!

Noch hat Peter Maffay, als den man ihn inzwischen kennt, Mallorca nicht für sich entdeckt… er ist unterwegs zu seinem Publikum. 1979 wird ein Maffay-Jahr mit immensen Auszeichnungen. »Steppenwolf« bestimmt die neue Richtung. Und »Frei sein«. Der sanfte Mann mit dem harten »R« wagt riskante Wege, 1983 beispielsweise mit »Tabaluga« oder 1998, als er die kleine Rolle neben Til Schwaiger in »Der Eisbär« annimmt. Maffay bleibt einer der raren Live-Interpreten, die sich nahe Auftritte vor Zuhörern leisten können. Immer wieder arbeitet er mit renommierten internationalen Musikern zusammen und erreicht hohe Anerkennung mit seinem Welt umspannenden Projekt »Begegnungen«, bei dem australische Aborigines ebenso auftreten wie israelische und afrikanische Interpreten. Begegnungen mit anderen Völkern, anderer Musik sind ihm so wichtig, dass sich seine Anziehungskraft als »Brückenbauer« noch verstärkt. Längst ist Peter Maffay ein Star, seine Konzerte ausverkauft, sein Territorium fürs Publikum abgesteckt. Eigene Firma, eigenes Label, eigenes Studio in Tutzing, die eigene Finca

RECHTS: Atemberaubend schönes Panorama von POLLENÇA –
und mittendrin ist Maffay-Land

auf Mallorca. Er besitzt Ehrungen ohne Ende, selbst den deutschen Verdienst-
orden, ist mit Männern wie Oskar Lafontaine befreundet und engagiert sich
sozial: Für Hilfe in Rumänien, gegen Rechtsradikale, aber am intensivsten für
seine Tabaluga-Stiftung, ein umfangreiches Betreuungs-Projekt für traumatisierte Kinder. Privat hat er weniger Glück. Zwei
gescheiterte Ehen, eine lange, schwierige Liebe, Beziehungen zu immer jüngeren Frauen. Momentan scheint er glücklich zu
sein. Seine mallorquinische Finca wird mehr und mehr zum Refugium, auch vor lästiger Neugier.

Kommt Lafontaine zu Besuch, reden die beiden nur selten über Musik und Politik, dafür lesen sie viel, jeder für sich.
Abstürze sind kein Thema, da kennt der Sieg gewohnte Maffay sich kaum aus. Die meisten Freunde hat er noch von früher,
neuen gegenüber muss er erst Vertrauen aufbauen. In unserem Gespräch zögert er bei Fragen wie diesen. Zugänglich ist er,
das beweisen seine Projekte, aber offensichtlich auch gebeutelt durch Menschen, die seine Zuwendung missbrauchten.
Niemand ist davor geschützt – er weiß das. Wir sitzen auf der Terrasse einer seiner Mühlen und unterhalten uns, neben ihm
die schwarze Hündin. Ist er nur zum Ausruhen hier oder nutzt er die Idylle, um zu komponieren? Anfangs war es ein reiner
Feriensitz, aber mittlerweile gibt es ein richtiges kleines Studio, in dem gearbeitet wird. Mit Instrumenten und Equipment.
Nicht wie in Bayern, aber immerhin...

»Ich habe immer vom Leben auf dem Land geträumt, weil ich den Geruch von Erde und den Wechsel der Jahreszeiten
liebe. Ich rieche gern Stall-Luft, ich bin ein erdverbundener Mensch.«

Auf Mallorca hat er das gesamte Spektrum gefunden. Schon Peter Makkay mochte das Ländliche, Peter Maffay liebt
es. Wenn er mit einem Trecker breite Spuren in die fruchtbare Erde gräbt, strahlt sein Gesicht, das sonst bei aller Freundlichkeit
immer ein wenig verschlossen, fast abweisend wirkt. Er lächelt, wenn er die Ernte in Händen hält, an einem Kohlkopf riecht,
über ein Blatt streicht. Seine eigenen Produkte isst er am liebsten selbst, und zwar möglichst zu Hause à la Mallorquine zubereitet, mit einer Flasche feinem Roten von nebenan... überhaupt geht er auf der Insel nur aus, um Mallorca zu erleben, meidet
Treffpunkte internationaler Gourmets, mag der Koch auch noch so gut sein, der Wein noch so edel.

Links erscheinen in der Dämmerung langsam die Lichter des nahen Dorfes, das in touristenferner Stille schlummert.
Wie alle Orte, die weder Bucht noch Bar aufweisen. Der Sänger genießt den romantischen Abendspaziergang, danach die
SOPA bei Antoni in der CALA PI... nun gut, allzu spät soll es nicht werden, denn als leidenschaftlicher Motorradfahrer durch-

RECHTS: Der rustikale Teil des riesigen Anwesens
mit seiner ausladenden Terrasse

RECHTE SEITE: Peter Maffay mit seiner
ständigen Begleiterin

streift er gern die Insel mit seiner Harley Davidson. Und das manchmal schon im Morgengrauen. Dann setzt er sich auf die
Maschine, um seine Lieblingsstrecke aufs Neue zu entdecken. »Früh am Tag verführt Mallorca zur Langsamkeit. Jetzt darf
man kein Gas geben, weil man sonst vergessen könnte anzuhalten. Man würde die Schönheiten übersehen und den unbe-
schreiblichen Meeresblick vom nördlichsten Punkt Mallorcas, vom MIRADOR DEL MOL«.

Zeit ist sein Problem und das Ziel seiner Sehnsucht. Zeit, die er, der Siegertyp, gewinnen möchte, von der er immer
noch nicht genug hat. Es gibt sie, er weiß das und nimmt sich dauernd vor, mehr davon für Wesentliches zu nutzen, eine
»andere Einteilung« zu wagen. »Gern wäre ich öfter mit meiner Mutter zusammengewesen. Inzwischen lebt sie nicht mehr
und ich hatte nie genug Zeit für sie. Für niemanden. Bisher...«!

Peter Maffay arbeitet daran – und Mallorca hilft ihm. Hier möchte er bleiben, hier hat er die Weite des Landes, die
Fruchtbarkeit des Bodens, hier erlebt er Säen und Ernten, schärft die Sinne für Gerüche und Geräusche, empfindet bei aller
geschäftigen Kreativität die Ruhe neu. Mag um ihn herum dieses und jenes kritisiert werden, er bewundert die Mallorquiner,
lernt von ihnen und erprobt sein Wissen erfolgreich auf dem eigenen Gut, das vielleicht bald sein Hauptwohnsitz werden soll.
Zeit erhält eine andere Dimension. Der Zwiespalt der Seele, der Druck der Begabung und Pflicht fordert zweifellos auch bei
ihm Tribut, aber er hat SEIS MOLINAS, um wieder ins Gleichgewicht zu kommen.

Auf dem Rückweg fahre ich vorbei am Berg mit den kantigen Schultern, die mich an Maffays Lederjacke erinnern und
schaue zu, wie der Koloss gähnend die Reste eines violettschichtigen Dunstes abschüttelt. Am Himmel teilen sich mehrere
Scheiben Wolken und treiben im freien Raum umher. Dazwischen zwängt sich das letzte Sonnenlicht wie durch einen Filter.
Erste Zikadengruppen sammeln sich und zirpen aus den Häuten der immergrünen Gewächse. Neben den Pinien konnten sich
Tamarisken und Ginster ihr Plätzchen sichern. Zufrieden fahre ich weiter. Ist der Deckel des Himmels abgehoben?

Fast scheint es so, denn alle Sterne haben sich in unsichtbare Entfernung zurückgezogen, und ein plötzlicher Wind
peitscht die Wolken in einen kreisenden Strudel mit einem Loch in der Mitte, als würde ein sagenhafter, frecher Kobold, einer
der DIMONIS BONETS, sie heimlich absaugen. Peter Maffay sitzt jetzt bestimmt beim Essen.

QUE APROVECHE!

LINKE SEITE: Eines der künstlerisch gestalteten
Zimmer in der Finca Ca N´ai

Künstler und Könner

Kunst bedeutet dem Mallorquiner eine ganze Menge – gemalte, gewebte, gesungene. Für ihn hat Kunst nur mit Können zu tun, ist ein bunter Talente-Strauß, vielfarbig und vielfältig wie das Leben. Was wären die Dornen des Alltags ohne die Blüten der Kunst?

Ob es Marges sind, trocken aufgeschichtete Natursteine, die ganz ohne Mörtel Stürmen und Piraten trotzen, eine phantasievoll gestrichene Wand, indigo-blau umrandete Stoffe, fein gewebt nach überlieferten Mustern, ein bodenständig gekochtes Gericht ohne pikante Tarnung, ein Bild, das die Schwierigkeit gemalten Lichtes erkennen lässt oder schlicht geflochtene Körbe für Obst und Holz.

»Im Kunsthandwerk steckt viel richtige Kunst, eine Kunst, die niemals lügt« Joan Miró

In der Tat: Davon verstehen die Mallorquiner ebenso viel wie von der heiteren Gelassenheit, mit der gearbeitet wird. Eile ist ihnen zuwider, schließlich ist Geschwindigkeit keine Sache der Qualität, und Pünktlichkeit alles andere als eine erwähnenswerte Eigenschaft. Ja, wenn es Cleverness wäre oder Kunstsinn – das sind die Gaben, die das Leben lebenswert machen! Nicht zuletzt darum umgeben sich Mallorquiner gern mit schönen Dingen, kaufen Skulpturen und Gemälde, besonders, wenn sie einen Wertzuwachs erwarten dürfen.

In der Alfareria, Ollerie, der Töpferei, formt der Meister mit glänzendem Gesicht feuerfeste bauchige Schalen, Greixoneras, und Krüge aus brauner Tonerde, die mit Henkeln Ollas heißen. Wie der Baum seine Blätter im Wind dreht, so knetet seine Hände die feuchte Masse. Und jeder Kreative weiß: Wenn ihn die Muse küsst, ist der Liebkoste zu Großem fähig. Dafür gibt es unzählige Beispiele... und zwischen üblicher Touristenware immer wieder traumhaft gelungene Unikate. Wen stört da Kritik? Nur Gleichgültigkeit gilt dem schöpferisch Tätigen als schwerste aller Strafen.

RECHTS: Fast jedes Haus hat seine Bilder-Galerie,
denn Kunst ist die stille Liebe der Mallorquiner

Ganz Mallorca ist ein Atelier für Künstler aus aller Welt. LA LUMINOSA, das leuchtende Farbenspiel, beeinflusst sie alle. Ob Mordillo oder Joan Miró, der seit 1940 in CALAMAJOR wohnte und schon als Kind eng mit der Insel verbunden war. Hier lebten seine Großeltern, die Mutter stammte aus SÓLLER und auch seine Frau Pilar war Mallorquinerin. Miró liebte das Licht und die Leichtigkeit, ließ sich davon zu immer neuen Werken inspirieren. Voller Zuneigung erzählen seine Nachfahren, wie der berühmte Ahne die Erde, das Meer, die Sterne Mallorcas zum Malen brauchte. Und die SIRUELLS, von denen er eine ganze Sammlung besaß. Bis heute werden diese typischen Keramikprodukte in PÓRTOL hergestellt, skurrile archaische Figuren, weißgrundig mit roten und grünen Tupfen. Weil sich in jedem Sockel eine Tonpfeife befindet, sirrt und flötet es durch alle Gassen. Nicht immer ein Ohrenschmaus, der ursprünglich den Liebenden als Symbol diente: Pfiff die Angebetete... gut! Warf sie dem Schmachtenden Scherben vor die Füße... aus, FINITO, keine Chance. Einfach, aber effektiv.

Die Plastikwelle hat das Handwerk nur vorübergehend beeinträchtigt, inzwischen sind einheimische Produkte mehr denn je gefragt, die Musen keineswegs verstummt. Davon kann man sich in der letzten Märzwoche überzeugen, wenn Scharen Interessierter zur Keramikmesse, der FIRA DEL FANG pilgern, die jedes Jahr in MARRATXI stattfindet. Hier werden Gegenstände aus Tonerde, FANG, angeboten, die die Inseltiefen scheinbar unermüdlich in rot und weiß ausspucken. Beide werden außer für Geschirr auch für Ziegel verwendet, zum Beispiel in SA CABANETA. Und immer noch sieht man die eine oder andere OLLERIE, in der ein armer Esel die Töpferscheibe dreht. Wer sich in eines der bildschönen FANG-Stücke verliebt, sollte es zuerst umdrehen und nachsehen, ob es wirklich aus jener Werkstatt stammt, und nicht etwa aus der Festland-Fabrik. VERDAD, auf dem Boden finden sich die Tatsachen, hier muss der Töpfer die Herkunft eingravieren!

Merkwürdigerweise dient Mallorca selbst nur wenigen Künstlern als Motiv, dennoch schätzen alle Maler die intensiven Farben, das Licht, die bizarre Landschaft, das stimulierende Klima und die Impulse durch andere Kreative. Sammler finden hier eine bunte Palette an Kunstangeboten, aber sie brauchen ein geschultes Auge und einen guten Instinkt. Schnäppchen gehören ins Reich der Legende, große Namen – gerade Miró oder Picasso – werden oft nur als gute Kopien angeboten. Die raren Originale sieht man sich besser in Museen und Ausstellungen an. Etwa drei- bis viertausend Maler arbeiten inselweit in einer lebendigen Kunstszene, von vielen engagierten Galeristen unterstützt.

RECHTS: Mit Zitronen gehandelt?
Der Maler Rainer Reusch bei seiner Arbeit

»MALLORCA IST EIN LAND, DEM DIE RINGELTAUBE DIE FARBE IHRES HALSBANDES
LIEH UND DAS DER PFAU IN DIE PRACHT SEINES FEDERKLEIDES STECKTE«
Ibn al-Llabbanah (1188)

So winzig das Bergdorf DEIÀ auch sein mag, in der Antike war es An-
ziehungspunkt der vornehmen Gesellschaft, heute der betuchteren Individu-
alisten! Schon Ende des 19. Jahrhunderts hat es die sonderbarsten Fremdlinge
fasziniert. Damals gesellten sich ausländische Maler, Musiker, Poeten und Philosophen zu den verwunderten Einheimischen. Manche waren in Personalunion
alles gleichzeitig. Es entwickelte sich eine Art Künstlerkolonie, die immer neue
Dichter und Denker anzog. Erst die steigenden Immobilienpreise geboten dem Einhalt. Die kleine Gemeinde DEIÀ, die die
Araber einfallslos lediglich »AD DAIA« – Dorf – nannten, mauserte sich nach und nach zu einem künstlerischen Zentrum.

1929 war der englische Schriftsteller Robert Graves dort hingezogen, eine seiner Romanverfilmungen brachte Alec
Guiness zu ihm, gefolgt von Ava Gardner, Marquez, Peter Ustinov oder Anäis Nin. Sie alle kamen als begeisterte Besucher,
andere aber blieben und wurden sesshaft, kauften Häuser, Ateliers und Galerien. Eine sinnenfrohe, talentierte Gesellschaft, die
Geld mitbrachte und Anerkennung suchte. Vor plätschernden Brunnen arbeitete man an großen Werken, schwankend
zwischen heiterer Euphorie und depressiven Zweifeln. Ihnen ging es nicht um sandige Strände und gepflegte Promenaden,
sie waren auf der Suche nach stiller Inspiration, die durch den weiten Blick übers Meer, die Lage zu Füßen des Berges TEIX
gefördert werden sollte.

Wie früher säumen unverändert alte Zypressen die Gassen, pressen sich geputzte Mauern eng an die schöne Kirche.
Das Archäologie-Museum lädt ebenso ein wie die feinen Geschäfte und Galerien, die ausgezeichneten Restaurants oder die
beiden Luxushotels ganz in der Nähe. Doch selbst heute bleiben die sechshundert Einwohner am liebsten unter sich, für Busse
gibt es keine Parkmöglichkeit, auch sonst haben Fahrzeuge und Menschen es schwer, ein dauerhaftes Plätzchen zu finden.
Gern darf jeder den Ort besuchen, hier und dort Kostbares erwerben... wenn er ihn bitte nur wieder verlassen will! Derweil
ruht DEIÀ selbstbewusst auf seinem Hügel, wie vor hundert Jahren das pure Vergnügen für alle Sinne, und ist gerade so aufgeschlossen, wie es die Höflichkeit gebietet. Zum Beispiel beim Musikfest, dem FESTIVAL DE DEIÀ, auf das sich das Dorf jetzt

RECHTS: Ob Hund und Katze das Wandgemälde
so richtig zu schätzen wissen?

im Frühling vorbereitet, damit es Ende Juli die Kirche mit zahllosen zahlenden
Gästen füllt, die danach glücklich in ihr eigenes Domizil weit fort von DEIÀ zurück-
kehren. Gott befohlen.

Verschlungene Pfade führen abwärts in die Bucht – eine Hürde für Unge-
übte, Herausforderung mit Abenteuercharakter. Hat man heldenhaft alle beängs-
tigenden Hindernisse auf dem steilen Weg nach unten überwunden, winkt als
Lohn einer der schönsten kleinen Strände Mallorcas. Mit urigen Felsenhöhlen, die
als Bootshäuser dienen und den Eindruck erwecken, sie seien extra zu diesem
Zweck von gewaltigen Piraten in die Steine gehauen worden. Wahrlich eine ideale
Filmkulisse, als die sie auch mehrfach herhalten durfte... den Ruhm der Gegend vermehrend, von der sich nicht zuletzt
deutsche Serien-Autoren angezogen fühlten. Und eine weitere Extravaganz macht den Ort einmalig. Gab es bisher die Frage
»wo liegt er denn begraben?«, um einem Verstorbenen die letzte Ehre erweisen zu können, so müsste sie auf diesem Friedhof
korrekterweise lauten:

»WO STEHT ER DENN BEGRABEN?«

»Aufrecht bis in den Tod« hat hier noch eine Bedeutung, denn wie eine Reverenz an den Berg TEIX, zu dem der imposante Gottesacker aufsehen muss, wird man in DEIÀ stehend in der Erde versenkt. Und ruhet doch in Frieden. Ob aus
Platzmangel oder eigener Interpretation von Würde – ganz Genaues weiß man nicht.

Quasi nebenan, nach VALLDEMOSSA, treibt es Suchende aus anderen Gründen. Hier siedelten sich vorwiegend
Pianisten und Komponisten an, dem seligen Chopin sei Dank. Nun möchten ihre Enkel – gemeinsam mit Bildungshungrigen
aus aller Welt – teilhaben an der kurzen mallorquinischen Romanze zwischen Frédéric Chopin und George Sand, und in der
souvenirgefüllten Kartause zumindest einen Hauch des früheren Liebesatems spüren. Wer mag da noch vom tuberkulösen
Husten sprechen?

Und nicht zu vergessen die andere gefühlvolle Affäre, die mal als authentisch gilt und mal nicht! Sicher ist, dass der
von den Inselbewohnern hoch verehrte S'ARXIDUC LLUÍS ganz und gar kein Kostverächter war, was die Damen der Gegend
betraf... worüber man heute gern schamhaft ein Feigenblatt breitet. Dabei hielten die Bauern ihn anfangs sowieso bloß für

RECHTS: Prinzessin zu Stolberg und Wernigerode
präpariert die Wand für ihr Kunstwerk

einen Spinner und ließen sich nur langsam von seiner Größe überzeugen.
Während also der kluge Salvator, Erzherzog von Österreich, Ludwig von Habsburg

und Toskana, Lothringen und Bourbon, nebst Familie im Anwesen SON MARROIG residierte, restaurierte er das herunterge-

wirtschaftete Gut S'ESTACA für die Tischlertochter Catalina Homar. Geliebte oder nicht, an seiner Seite erlangte sie Bildung,

lernte Sprachen, wurde mutiger und schlauer, bis sie die gesamten Latifundien für ihn verwalten konnte. Er, seit etwa 1870 völ-

lig verloren an Mallorcas Liebreiz, war einer der ersten Tier- und Naturschützer, ein akribischer Geist, Architekt, Designer – und

der erste Werbeträger der Insel! Nicht nur, weil Adlige, Gelehrte und Kaiserin Sissi als Gäste bei ihm einkehrten, sondern vor

allem durch seine Bücher über die Balearen, seine umfassenden Studien zu Fauna und Flora.

Heute hat S'ESTACA einen anderen berühmten Besitzer: Michael Douglas, der den Erwerb des Anwesens vor allem

seiner mallorquinischen Ex-Frau Diandra verdankt. Das denkmalgeschützte, historische Landgut sollte – trotz verlockend

hingeblätterter Dollars und hollywoodgeprägtem Namen – quasi im Besitz Einheimischer bleiben. Inzwischen teilen sich die

beiden, längst mit neuen Partnern, die kurzen Aufenthalte dort. Nachdem sich auch Michael Douglas mittlerweile große

Sympathien erwerben konnte, weil er andere Weltstars nach S'ESTACA einlädt und in VALLDEMOSSA das Kulturzentrum »COSTA

NORD« gegründet hat, das der Region zu noch mehr spezieller Beachtung verhilft. Wen stört's, dass das angeblich die »Strafe«

für begangene Bausünden sein soll...

Maler experimentieren gern auf neuem Terrain. Zum Beispiel im Bereich der Inneneinrichtung, der Wandmalerei. Das

kann so weit gehen, dass ein Künstler ein ganzes Haus gestaltet, indem er Gemäuer »wischt« (eine besondere Mix-Technik aus

mehreren Farbschattierungen), Nischen mit »TROMPE-L'OEIL« vertieft (zu deutsch etwa »Augentäuschung«), die die Phantasie

von Mensch und Raum erst richtig beansprucht und als finalen Blickfang sogar noch kahle Stellen mit eigenen Bildern in

Szene setzt. Wie es auf Mallorca unter anderem eine junge, ganz echte Prinzessin macht, die man sich auf diese Weise mitten

hinein ins bürgerliche Umfeld engagieren kann.

Kunst und Kunsthandwerk haben hier ihren festen Platz, viele Kreative ihren Wohnsitz. Reizvolles findet man überall,

wenn man bereit ist, etwas genauer hinzuschauen. Künstler aus aller Welt erwählten diese Insel, um dem Blick ins trübe Grau

zu entgehen, gelegentlich wie Geckos in der Sonne zu dösen, tief ins Meer und die Inselatmosphäre einzutauchen, durchzu-

atmen und zu genießen... im wechselnden Rhythmus von lebhaftem Treiben und friedlicher Ruhe.

Zahlreiche Orte auf der Insel sind für ihr Kunsthandwerk berühmt, einige sollte
man sich nicht entgehen lassen:

Muro: Auf Webstühlen aus Oliven- oder Pinienholz wird u. a. hier die Tela mit traditionellen Ikatmustern gewebt, meist schmal und mit vielen Blautönen.

Tipp: Ein wenig hat man sich der Zeit, den veränderten Bedürfnissen angepasst
und fertigt nun die Tel de Llengues auch in anderen Breiten und Farben.

Santa Maria del Cami und Pollença: Hier erhält man Stoffe aus Hanf und Leinen, meist für Bett- und Tischwäsche,
mit denen heute wieder jede anständige Braut-Truhe gefüllt ist. Dazu gibt es Regale mit schweren Qualitäten für Möbel-
bezüge, viele davon handgefertigt, handgefärbt – und dementsprechend teuer. Außerdem entstehen hier Mantillas, die aus
Spitzentüchern bestehende Kopfbedeckung der hübschen Trachten, die von der Bevölkerung nur noch zu festlichen Anlässen
getragen werden. Sie sind oft aus feinster Seide und kunstvoll Stich für Stich genäht.

Tipp: Wahre Schmuckstücke haben Fransen als Symbol des Wertes, je länger, desto kostbarer. Gestickt und geklöppelt wird fast
nur für den Privatgebrauch, darum sind die für den Verkauf bestimmten Waren meistens industriell entstanden. Wer Glück
hat und mit einer Künstlerin ins Gespräch kommt, gelangt vielleicht trotzdem in den Besitz eines der bezaubernden Unikate.

Llucmajor und Inca haben sich die Welt erobert! Tatsächlich gehen von dort aus die edelsten und modischsten
Schuhe rund um den Globus, denn hier lassen die berühmtesten Designer ihre Modelle anfertigen. Ich habe selbst mehrfach
zugeschaut, wie aus einem unansehnlichen Muster nach hundert kleinen Schrittchen ein Pumps, Trotteur oder Stiefel wird,
mit dem man dann beachtliche Schritte machen kann. Lluchmayor ist noch dazu berühmt für seine Liköre und Aprikosen, Inca
für künstliche Perlen und eine stattliche Möbelmanufaktur.

Tipp: Es gibt immer wieder Sonderangebote für Endverbraucher. Darüber hinaus hat fast jede Fabrikation einen ständigen
»Showroom« mit Exponaten zu durchaus akzeptablen Preisen.

Algaida (Gordiola), S'Esglaieta (Lafiore) und Campanet (Menestralia): In diesen drei Orten sind die Glasbläser zu
Hause, die nicht nur formschöne Flaschen herstellen, sondern auch herrliche hauchdünne Schalen und andere feine Waren.
Kein Wunder, wenn die Männer in ihrem teilweise mittelalterlichen Ambiente nach einer Stärkung mit Kräuterlikör, Hierbas,
spirituelle Phantasien entwickeln und besonders Filigranes blasen. Auch hier waren die Mauren Vorreiter, mit zusätzlich inspi-

LINKS: Mundgeblasener Glaskrug
voller erfrischender Köstlichkeit

rierendem Einfluss von Römern und Venezianern. Inzwischen haben mallorquinische Glas-Produkte Weltgeltung erlangt.

TIPP: Auch beim Glas lohnt sich ein Einkauf direkt ab Manufaktur, am besten verbunden mit einer Besichtigung der sehenswerten Werkstatt, die zu bestimmten
Zeiten möglich ist.

PORRERES bietet handgearbeitete Backformen, Koch-Geschirr, Zink-
Regenrinnen oder Kuhglocken, die mehr an Haustüren hängen als an Kühen, so schön sind sie.

MANACOR kennt man als Möbelstadt mit einer reichen Auswahl der verschiedensten Stilrichtungen und einem
Angebot an Perlen, Fliesen und Tonwaren. Wenn man sich gut informiert und umschaut, findet man Produkte in bester
Qualität, die zwar ihren Preis haben, der aber trotzdem noch unter dem mitteleuropäischen Niveau liegt.

TIPP: In zahlreichen Geschäften locken Perlen diverser Schattierungen und Preiskategorien. In Ruhe aussuchen und sich dann
ein Zertifikat geben lassen.

CONSELL: Für die Drechsler und Schnitzer dieses Ortes ist es Ehrensache, alles möglichst aus einem Holzstück
herauszuarbeiten, so wie es ein Bildhauer mit dem Marmorblock macht. Es gibt Mörser aus Olivenholz oder Steineiche,
manchmal sogar schwere Truhen und Kleinmöbel.

TIPP: Je weniger Keile, Schrauben oder Ähnliches zu finden sind, desto wertvoller ist das Objekt.

FELANITX: Wenn der Himmel voller Geigen hängen soll, dann ist Felanitx die richtige Adresse. Der einzige mallorquinische Geigenbauer, ohnehin weltweit ein aussterbender Beruf, hat hier seine Werkstatt. Ansonsten werden auf der Insel auch
andere Musikinstrumente als wichtige Bestandteile einheimischer Volksmusik gefertigt: Flöten, Trommeln und – seltener, weil
meistens vom Festland – Gitarren.

ARTÀ, PORTOCRISTO, CAMPANET, GÉNOVA: Orte, in denen die Natur der Künstler war. Hier kann man Tropfsteinhöhlen
besichtigen, von denen es auf Mallorca allerdings mehr als 300 gibt. Der größte unterirdische See der Welt befindet sich in
den CUEVAS DEL DRACH, wo Sie zum Klang der Tropfen auch Konzerte hören können. Urkunden aus dem Jahre 1339 sagen ein
wenig über prähistorische Funde, talayotische Siedler und Zufluchtssysteme aus, nichts jedoch über die Millionen Millennien,
die nötig waren, um bei 1–2 Zentimetern mineralischen Regens pro Jahr solch immense Dimensionen zu erreichen!

RECHTS OBEN: In FELANITX hängt der Himmel
tatsächlich voller Geigen

RECHTS UNTEN: Von der Zeit polierte Stufen führen
seit Jahrhunderten in botanische Paradiese

Später opferten Forscher Zeit und Leben, um mehr darüber zu erfahren. Stehen wir nun heute in einer dieser illuminierten Höhlen mit ihrem flüsternden Trippeln, bekommen wir eine Ahnung der Entstehungsgeschichte und Ehrfurcht vor der erstaunlichen Schöpfung. Stalaktiten nach unten, Stalagmiten nach oben, fast vierzig Meter in die Höhe ragend, Säulen gigantischen Ausmaßes... bis in alle Ewigkeit!

ARTÀ hat nicht nur Unterirdisches zu bieten, sondern auch Überragendes. Hängekörbe zum Beispiel, die aus der Dattel- oder Kokospalme hergestellt werden. Die hiesigen Flechter pfeifen auf Kunststoff und weben mit geschickten Händen – wie zu Großmutters Zeiten – interessante Muster aus gefärbten Blättern zu Hüten, Taschen, Körben oder Sonnendächern. Nichts verdirbt, jedes Teil der Pflanze wird verwendet, sogar aus Resten entstehen noch Seile, Stricke und Besen. Eine Zunft, die Zukunft hat.

ALFABIA, RAIXA und der JARDÍ BOTANIC DE SÓLLER sind Gärten... wundervolle, künstliche Paradiese. Mit imponierenden Gebäuden, Laubengängen und einer subtropischen Pflanzenwelt. Die ALFABIA-Wasseranlage gilt auf unserem Planeten als Solitär, ein einzigartiges Brunnensystem, Zeugnis unglaublicher

arabischer Kunstfertigkeit. Im Botanischen Garten ist die Artenvielfalt äußerst beeindruckend, der Blick herrlich, das Museum nebenan. Ein reiches Angebot für einen Ausflug.

TIPP: Sich giftige Arten ansehen, merken, vermeiden. Und feststellen, wieviel mehr Kräuter und Gewürze es zum Anpflanzen gibt, als allgemein bekannt ist.

LINKE SEITE: Der Stoff, aus dem die Träume
von Frank Elstner sind... Farben haben schon
immer sein Leben bestimmt

FRANK ELSTNER IM FARBENRAUSCH

Wir treffen uns am Ortseingang von POLLENÇA in seinem Lieblingsgeschäft für TELAS, ROBAS DE LLENGÜES. Die Gegend hat Tradition. Genau hier, an derselben Stelle, haben schon vor 2000 Jahren flinke Finger Fäden zu Stoffen gewebt; für die vornehme Gesellschaft Roms, die jungen Adligen und die Herren Richter. Genau hier in POLLENTIA, wie es damals noch hieß, wurde die Toga erfunden! Der Ort war Marktführer in der Kleiderbranche, worüber sogar Virgil und Estrabón berichteten. Frank Elstner kennt sich aus, erzählt lebhaft Einzelheiten... ich kann in seiner Geschichte spazieren gehen, lese darin seine eigene und tauche tief hinein. »Das Schwierigste ist das Färben geblieben. Alles Handarbeit, jede Farbe ein eigener, komplizierter Vorgang und je mehr Farben, desto wertvoller der Stoff. Damals wie heute«. Lächelnd fügt er hinzu: »FARBEN HABEN SCHON IMMER MEIN LEBEN BESTIMMT«

1942 in Österreich geboren, war er oft zu Besuch bei der Tante in Bayern. Bereits als Kind, als Messdiener, hat ihn dort die barocke Architektur, die prächtige Opulenz der katholischen Kirche beeindruckt. Den älteren Jungen faszinierten dann Bilder, Kulissen, Malerei. Mit den Eltern, beide Bühnenkünstler, reiste er von einem Engagement zum nächsten und wurde auf diese Weise früh an ein buntes Nomadenleben gewöhnt. Aus seinen farbigen Phantasien und futuristischen Träumen entstanden manchmal konkrete Ideen. Eine davon führte zu Europas erfolgreichster Unterhaltungssendung, zu »Wetten dass«, deren Erfinder Frank Elstner ist.

Seine Arbeit wurde hoch dekoriert: Von der Goldenen Kamera bis zum Bundesverdienstkreuz, vom Bambi bis zum Löwen hat er alles eingeheimst. Elstner ist ein Sieger, wie viele Erfolgreiche, aber einer, der mit Niederlagen gnädig umgeht und aus ihnen lernt, einer, der nun verstärkt in die Rolle des Lehrers schlüpft, um anderen zu zeigen, wie's gemacht wird. Und er ist ein disziplinierter Mensch, der regelmäßig joggt, locker vier Sendungen am Tag aufzeichnen kann, hin und her düst,

RECHTS: Der frühere RTL-Chef Gust Graas
beim Malen in seinem Atelier

Porsche fährt – ein Mann, bei dem alles schnell gehen muss. Sogar im Flieger nach PALMA entwickelt er mal eben ein neues
Showkonzept. Frank Elstner, der Pendler und Vorreiter, in dessen Kindheit die Weichen für eine ungewöhnliche Flexibilität
gestellt wurden, die wohl als neue Lebensform immer zwingender auf uns zukommt.

»ES MACHT MICH VERRÜCKT, WENN ICH NICHT SPÜRE, DASS ES VORAN GEHT, DASS ICH LEBE UND ARBEITE – MIT ERGEBNISSEN.«

Ein Muster an Mann? Tja, darüber müsste man mit seinen Frauen reden... doch die sind weit verstreut. In jedem Fall
ein bemerkenswerter Mann, begabt und beliebt, dieser Tim Maria Franz Elstner, aus dem Radio Luxemburg früh den Frank
machte, um Verwechslungen mit einem Kollegen zu vermeiden. Aus mir wurde übrigens beim selben Sender Anita, weil Alida
angeblich zu exotisch klang. Damals in den Siebzigern lernten wir uns kennen, er, der Chefsprecher, ich, eine der Modera-
torinnen der deutschen Enklave im luxemburgischen Ausland. Elstner war die wichtige erste Station meines beruflichen
Lebens, von ihm habe ich in der kürzesten Zeit das meiste gelernt. Und nun, Jahre später, eine erneute Gemeinsamkeit: Die
Liebe zu Mallorca. Die Insel, die ihm viel bedeutet, deren Geschichte ihm vertraut ist wie seine bäuerlichen Nachbarn und die
Wege, die überall ans Meer führen. Hier hat der Rastlose immer mal wieder Rast gemacht, kurze Pausen eingelegt und sich
der Landschaft überlassen.

Frank Elstner – mit diesem Namen können achtzig Prozent aller Deutschen etwas anfangen. Kein Wunder, ihm fällt
pausenlos Neues ein, ist er doch der sprudelnde Quell zahlreicher Fernsehformate von »Jeopardy« bis »Nobelpreisträger«,
Fernsehen das Medium, dem er sich nach seiner Rundfunk-Karriere ganz und gar in die Arme warf. Für die ausgebreiteten der
jeweiligen Gattin blieb da oft wenig Zeit, also leuchtete das Privatleben nicht ganz so strahlend wie das berufliche. Fünf schöne Kinder von vier Frauen, die ihn als zärtlichen, aufmerksamen Vater loben. Er selbst erkennt mit zunehmenden Jahren immer
mehr die Wichtigkeit der Familie. Weihnachten kommen sie alle zusammen, die Frauen und die Kinder, der gesamte Elstner-
Clan... Übung in Harmonie, denn für Eifersucht und Animositäten ist kein Platz auf der Finca.

Vor dreißig Jahren kaufte Elstner im Hinterland von POLLENÇA ein 600 Jahre altes Anwesen, das er komplett renovierte, mit Tennisplatz und mehreren Häusern ausstattete, von denen er sich nach und nach immer mal wieder trennte. Seine
begeisterte Schwärmerei lockte auch Freunde und Kollegen nach Mallorca, sodass er hier bald ähnlich viele Termine hatte
wie an den fünf anderen Orten, zwischen denen er ständig pendelte.

RECHTS: »Familienbild« nach dem Rundgang durch
eine Kunstoase: Lydia und Gust Graas, Frank Elstner
und Alida Gundlach

Einer jener Nachbarn ist Gust Graas, einstiger Chef von RTL, Pionier und
Macher, früher Elstners Vorgesetzter, heute Franks Freund. Der smarte Schöngeist
mischt immer noch mit im internationalen Fernsehgeschäft, sitzt in diversen Gremien, berät und mahnt. Am liebsten aber
bleibt er in seinem traumhaft schönen Zuhause nahe der Bergstraße zum KLOSTER LLUC und malt. Inzwischen sammelt der
ehemalige Schüler leidenschaftlich die Bilder des Meisters, gemeinsam mit Galeristen, die sich um ihn reißen, mit einer Reihe
von Fans, die Graas-Ausstellungen in ganz Europa besuchen und von der wunderbaren Intensität schwärmen, die seine Farben
ausstrahlen. Lässt man sie auf sich wirken, erkennt man in tausend Nuancen die Spuren Mallorcas, vom Orangenhain über
den Strand zum Meer, mal funkelnd im Sonnenlicht, mal ermattet hinter verhangenem Horizont. Seine Bilder haben keine
Titel, sind sanfte RONDALES, Geschichten von der Natur, der Liebe, von Träumen, vom Frieden... »Bilder, die man nicht ansieht,
sind wie Menschen, mit denen niemand spricht. Man kommt durch Kommunikation zur Kunst, und Kunst muss auch wieder
Kommunikation bewirken.«

Eine Devise von Gust Graas, die er gleich vorlebt... so herzlich, wie er mich empfängt. Frank verschwindet sofort im
Atelier, während Lydia Graas frisch gepressten Saft serviert. Sie ist der Fels – oder wenn es das gäbe, die Felsin – so weiblich
und stark, so mütterlich und entschlossen. Beide gemeinsam vermitteln eine spezielle Atmosphäre von Offenheit und unkom-
plizierter Gastfreundschaft. Mit ihnen spricht man gern und redet nicht bloß. Nun bin ich in ein Bild verliebt, in die Finca Graas
und ihre Bewohner, die so inspirierend wirken. Nicht zufällig haben sich um ihn herum Künstler niedergelassen: Maler,
Philharmoniker, Keramiker, Bildhauer. Eine fruchtbare Gegend. In jeder Beziehung. Wenn sie ihre Refugien verlassen, sitzen die
beiden Männer, Graas und Elstner, gern auf POLLENÇAS PLAÇA MAJOR vor den 365 Stufen des Kalvarienberges oder im
REAL CLUB NAUTICO von PORT DE POLLENÇA, um Fisch zu essen, wie vor ihnen Winston Churchill, Aristoteles Onassis oder
Agatha Christie. Highsociety-Gäste, wie man sie auch heute noch im Dunstkreis der zwei Fernseh-Kreativen antreffen kann.

Längst ist Frank Elstner nicht nur Moderator, sondern viel mehr noch Unternehmer, Produzent, Ideenlieferant. Inzwischen profitieren schon seine Kinder davon: Der zweitälteste Sohn Thomas moderiert, auch Tochter Mascha hat Talent
geerbt und stand bereits mit 15 Jahren auf der Bühne, Sohn Andreas aus erster Ehe geht eigene Wege. Nur bei den beiden
jüngsten Töchtern Lena und Enya wird in Sachen Showgeschäft die besonders liebenswerte und ganz natürlich gebliebene
Ehefrau Britta noch ein Wörtchen mitzureden haben. WETTEN, DASS?

SOMMER – VERANO

LINKE SEITE: Unter üppigen Bougainvillea-Ranken
entspannt die Zeitung lesen, das ist die Erfüllung
aller Urlaubsträume

RECHTS: Morgens gegen 11:30 Uhr schauen wir
über das offene Meer hinein in die CALA LLAMP
bei ANDRAITX

MALLORQUINER UND FERIENZEIT

Ich stehe auf dem Gipfel des MASSANELLA und erlebe den Sonnenaufgang. Ein leichter Tupfer Helligkeit schimmert im Osten den Himmel hinauf, bis sich wenig später ein Triumphbogen aus Gelb, Orange und Dunkelrot formt, der jeden Maler an seine Grenzen bringt und ihn gleichzeitig ein Leben lang herausfordert. Alles leuchtet – so intensiv, dass es selbst unser Innerstes erreicht. Zum Nachdenken gibt es keinen besseren Ort, keine effektivere Stunde. Aus den weiten Ebenen, dem milchigen Dunst, tauchen die Umrisse der Terrassendörfer auf, herbe Felsen, die Steilküste. Es duftet unvergleichlich nach Thymian, Kamille, Melisse und Salbei. Die Kräuter stehen in voller Blüte, der Wind fächelt uns ihr Aroma zu. Ich schaue hinunter auf den kleineren Hügel, der sich mit seiner Spitze nach dem glühenden Rand der Sonne ausstreckt und sich nicht mit dem Schatten des großen Bruders begnügen mag. Von hier aus habe ich eine klare, ungehinderte Sicht über das ganze Tal, setze mich auf den Felsen, der von Jahrtausenden verwittert ist, und genieße den Augenblick. Die vor mir liegende Landschaft strahlt eine Ruhe aus, die zeitlos wirkt. Nichts zählt außer dieser Sekunde! Nur das Surren der Zikaden unterbricht die fast vollkommene Stille der einsamen Landschaft.

»DU BIST DAS EINZIGE, DAS NIEMALS, WÄHREND ICH HERANWUCHS, AUFHÖRTE,
GROSS ZU SEIN; DAS EINZIGE, DAS VON MAL ZU MAL GRÖSSER GEWESEN IST.« Jiménez an die Kronpinie

Sommer auf Mallorca! Kaum ist man zurück von dieser frühen Bergwanderung, ist es vorbei mit Ruhe und Einsamkeit. Denn nichts ist spannender als die eigene Erfahrung – und die machen zahlreiche Menschen gern auf Reisen durch schöne Länder. Nicht zuletzt, weil es sich im Meer schließlich doch sinnlicher surfen lässt als im Internet.

LINKS: Wie an den Hang geklebte Nester schweben
diese Häuser über dem Meer im Südwesten der Insel

RECHTE SEITE: Die einladende Terrasse am Haus
der Eleonore van Haeften in der Nähe von MANACOR

Von Juni bis August sind in vielen Ländern die Schulen geschlossen: Ferienzeit! Und damit beginnt ein Ansturm auf Urlaubsregionen, in denen man sich endlich am Strand tummeln kann. Alle zwei Minuten spuckt ein ankommendes Flugzeug im AEROPUERTO DE PALMA Touristen aus, die in großen und kleinen Blechlawinen auf Hotels, Appartements und Privathäuser zurollen. Gut zwei bis drei Stunden sitzen die meisten Urlauber im vollklimatisierten Flieger. Wer nachts ankommt, entgeht dem Schock, beim Aussteigen auf dem Flughafen von PALMA unvermittelt vor einer Wand heißer Luft zu stehen. Wer nachts ankommt, wird von seidenweicher Wärme und samtviolettem Himmel begrüßt, egal, wie groß die Hitze tagsüber auch gewesen sein mag. Während die Laufbänder sich langsam in Bewegung setzen und die ersten Koffer heranpoltern, sind die Gedanken schon draußen, lassen das Ankunftsgebäude hinter sich, erreichen bereits das Ziel.

Außerhalb der Ortschaften umfängt die tiefdunkle Nacht alle, die so spät noch unterwegs sind. Wie die Familie Binder aus Wiesbaden, die ihrem Feriendomizil entgegenfährt. Links auf einer Erhebung erscheinen nun bald die Lichter von MONTUIRI, dann verschluckt die Schwärze wieder jeden Schimmer. Durch den Fahrtwind zirpen laut und vernehmlich die Zikaden wie Telegrafendrähte, irgendwo schlägt ein Hofhund an, enge Kurven nehmen zu. Scheinwerfer beleuchten niedrige Mauern aus Natursteinen, hinter denen man Schafe, Ziegen, Oliven- und Johannisbrotbäume vermutet. Felsen auf beiden Seiten, danach rote, rissige, steinige Erde: VILLAFRANCA DE BONANY, ein kleiner Ort an der Landstraße, die von PALMA aus in den Osten der Insel führt. Alle Läden, die sonst immer mit Körben voller Melonen, Zwiebeln, Tomaten und darüber hängenden Knoblauchzöpfen locken, sind verriegelt. Ein einziger findet sich, der neben einer Tankstelle auch nachts geöffnet hat. Kurz angehalten, und schon duftet es im Auto nach der guten Sommerküche des Mittelmeers. Von MANACOR trennt Binders nur noch ein Katzensprung. Plötzlich gleißende Lampen, an den Hauswänden Plakate, die für die berühmten PERLAS MAJORICAS werben, Geschäfte und Möbelmärkte links und rechts. Später erneute Dunkelheit – die Insel schläft.

Im Sommer bleiben die PERSIANAS – diese praktischen, luftdurchlässigen Fensterläden – immer geschlossen. Kein Lichtschein dringt herein oder hinaus. Es ist ruhig. Und nicht mehr weit bis ARTÀ. Stolz ragen Festungsmauern und Kirchtürme in das endlos ausgeworfene Sternennetz. Die Anziehungskraft des Mondes sorgt dafür, dass sich selbst die müden Kinder-

RECHTS: »Der Tag gehört den Lebewesen, die Nacht den Dingen«.
Und so ein Ferienbett verspricht ganz besondere Träume

gesichter dauernd nach oben wenden. Gleich hinter der Stadt windet sich die enge Straße zwischen Kiefern und Gärten hinauf zur gemieteten Finca. Familie Binder ist am Urlaubsort angekommen.

Nach der ersten Nacht im Ferienbett tiefes Durchatmen! Diese ganz andere Luft! Eine Mischung aus Blüten, Erde, Tierdung und Salz vom Meer. Das angedeutete Rund des Mondes ist noch deutlich zu erkennen. In der warmen, frühen Morgensonne huschen Eidechsen hastig über die sandig getünchten Wände des Patios. Die Bougainvillea strahlt mit pinkfarbenen Scheinblüten, Oleanderbüsche duften süß und betörend, Hibiskusknospen leuchten vor dunkelgrün glänzenden Blättern. Man hört keinen Laut außer dem Klappern der Pforte und dem Zuschlagen der Autotür! Verschlafen macht sich die vierköpfige Familie Binder auf den Weg. Heute ist Markttag, die nächtlichen Einkäufe können gut ein paar Ergänzungen vertragen, und zur Feier der Ankunft wollen sie diesmal auch den Blumenstand auf dem Markt in ARTÀ besuchen.

Die Tischplatten der Stände biegen sich unter der Last des Angebots. Wassermelonen, Honigmelonen, Netzmelonen, Aprikosen, Pfirsiche, Kirschen oder Trauben wetteifern um die Gunst der Käufer. Gleich links lebendes Kleingetier in engen Käfigen. Ein Hahn lässt sich trotzdem zu melodischem Krähen herab und durchdringt damit das Gewirr aus Mallorquí, Catalá, Touristenkauderwelsch und internationalem Kindergeschrei. Neben einem Zelt mit Lederwaren liegen auf einem Hocker Goldschmuck und Uhren ausgebreitet... von Mallorquinern wie Urlaubern argwöhnisch beäugt. Der dunkelhäutige Mann am Nachbarstand bietet Kochgeschirr feil und wird wieder ernsthafter ins Auge gefasst. Blasse Engländerinnen lassen luftige Kleidchen durch die Finger gleiten, während eine junge Frau mit Babykarre nach einem Spielhöschen greift. Die gebeugte Greisin probiert einen Leinenschuh mit gurgelnden »l« und »r«-Kommentaren, unzufrieden mit den Argumenten der Verkäuferin. Gegenüber glänzt Keramik zwischen Kitsch und Kunst in der Sonne, der leichte Lufthauch bewegt gestickte, als Handarbeit deklarierte Spitzendecken an einer aufgespannten Leine. Am Anfang und Ende der Gänge die Blumenhändler. Kräuter duften, ach, die Wahl fällt schwer, und am Ende hat man mehr Blühendes in den Taschen als Vasen zu Hause.

Der beste Abschluss eines solchen Marktbummels ist ein Besuch im Café: Tüten unter den Tisch im Innenhof gestellt, die müden Arme hängen und im Schatten von Zitronenbäumen die Seele baumeln lassen. Ob CAFÉ CON LECHE, CORTADO oder UNA COPA, ein AGUA MINERAL, CON oder SIN GAS – bei dem Sommerwetter ist jede Flüssigkeit willkommen. Dabei ist die mallorquinische Wärme fast nie unerträglich drückend. Der Wind vom Meer sorgt stets für die Illusion einer frischen Brise.

Leiden müssen nur die, die sich gegen alle Vernunft in den heißesten Stunden der prallen Sonne des Strandes, der Hitze von Stadtmauern oder der gestauten Luft ihrer Autos aussetzen. Letztere Strapaze nehmen Binders dann auch in Kauf, denn zu Fuß wäre der Weg von Artà zur Ermita de Betlem doch ein wenig weit.

»Das sind Momente, die gelebt und geatmet werden müssen«
Guy de Forestier in »Geliebte Mallorquiner«

Die Sonne steht bereits ziemlich hoch, als sie die Altstadt von Artà hinter sich lassen. Das Land taucht auf wie frisch gelackt, als hätte jemand den Grauschleier weggezogen, um alles mit Gold zu übergießen. Zur Rechten liegt die Festungsanlage mit der Wallfahrtskirche San Salvador – der Blick durch die dicken Mauern der Rundbögen herab auf die Dächer der Stadt mit ihren engen Gassen ist sehr romantisch! Über viele Kurven geht es jetzt hinauf nach Betlem. Der Pass durch das kleine Gebirge muss auf dem Weg nach oben immer wieder Felsvorsprüngen ausweichen. Gleich liegt die letzte Finca mit bewässertem Garten hinter ihnen, sie nähern sich dem Adelssitz Can Son Morey Vell über dem ausgedehnten Tal, bewaldete Berge in der Ferne. Weiter aufwärts blöken vereinzelt Schafe, die zwischen Felsritzen und Steinen schmackhafte Kräuter zupfen, Kiefern und Pinien wachsen windschief am Rand. Wäre da nicht die eindeutig von Menschenhand gebaute Straße, nichts würde mehr an moderne Zivilisation erinnern. Jedes Wort ist überflüssig. Aber wer mag schon sprechen, wenn das Bild dieser unberührt wirkenden Schönheit die Gedanken erfüllt? Weit fort sind die Dinge, die den Alltag ausmachen, die vielen Kleinigkeiten, vom Ertragen des schlechten Wetters in Deutschland bis zu den Pflichten, die erfüllt sein wollen.

Ein Stück den Kamm der Serra d'Artà hinunter, und man steht vor dem großen Gartentor der Ermita, der jüngsten Einsiedelei Mallorcas, die sich durch fromme Spender immer mehr verschönern konnte. Kein Wunder, dass der Besucher hier beschließt, in Zukunft spartanischer zu leben und auf »Überflüssiges« zu verzichten. Wie die Mönche, die etwa um 1801 in der Klause ungestört meditierten. Noch heute bewirtschaften Brüder vom Sankt-Paul-Orden die Gärten und die kleine Pilger-

RECHTE SEITE: Ist die Zeit stehen geblieben? Zeugen der
Vergangenheit gehören bis heute zum Leben

stätte. Hohe schlanke Bäume säumen die Gasse zur Kapelle und malen ein
Schneewittchenbild: der Weg weiß wie Schnee in der blendenden Mittagssonne,
fast schwarz wie Ebenholz die Allee, rot die Erde. Mit einem azurblauen, wolken-
losen Himmel als Dach. Links vom Gebäude führt ein Holperpfad zu einem
Aussichtspunkt, der über allem zu schweben scheint. Tief unten, in milchigen
Hitzedunst gehüllt, grüßt das Meer von COLONIA DE SAN PEDRO bis ALCUDIA in
sämtlichen Wasserfarben. Bei klarem Wetter kann man von hier aus sogar die
Spitze von FORMENTOR erspähen.

Hungrig geworden steigen die Urlauber wieder hinab, wo im Wagen die
Tasche mit dem Picknick wartet. Das große Tor gut hinter sich verschlossen, gehen sie den schattigen Karrenweg rechts zur
Quelle mit der kleinen Grotte. Während der Woche sind die Steinbänke nicht besetzt, sonntags dagegen wissen natürlich auch
die mallorquinischen Familien um den Reiz einer Mahlzeit neben dem plätschernden Quellwasser. Kurz Hände und Obst
abspülen, Brot und Hähnchen auspacken! Mal eine Olive, dann ein Stück von dem nach Knoblauch riechenden Hühnerfleisch,
ein wenig Tomate, ein Brocken Brot – köstlich! Jetzt nur nicht müde werden, denn die SIESTA möchte Familie Binder in ihrer
Lieblingsbucht halten. Dafür geht's die Serpentinen vom Hinweg zurück und hinter ARTÀ eine andere Straße bergauf und
bergab. Satt und zufrieden genießen sie den ständig wechselnden Ausblick.

Bevor sie das Meer erreichen, sehen sie, dass eine spanische Familie den gleichen Gedanken hatte. Ausgebreitet auf ihren Strohmatten liegen sie hingegossen im steinigen Sand. Was soll's... jedes Schwimmbad in Wiesbaden ist
erheblich voller, also drapieren Binders – nach knapper Begrüßung – ihre Handtücher ein paar Schritte entfernt vor den klobigen Felsen. Minuten später spielen die Kinder miteinander, Verständigungsprobleme steigern nur ihr Lachen. Die Er-
wachsenen brauchen etwas länger, um mit Händen und Füßen ins Gespräch zu kommen. Danach bieten die Deutschen
Picknickreste an, die Mallorquiner GAZPACHO aus einem verschließbaren Fass. Was will man mehr? Der Tag ist heiter, das
Wetter ideal, die Kinder beschäftigt, die See berauschend, und auch der Kontakt zur Inselbevölkerung könnte nicht besser sein.
In dieser Nacht träumt die gesamte Familie Binder von ihrem eindrucksvollen Ferienbeginn.

LINKE SEITE: Wenn das keine Einladung in das türkisblaue
Wasser der Badebucht bei SANTA PONÇA ist?

ENTRÜCKT IN STILLEN BUCHTEN

Schon in der Antike waren die Spanier das Volk der Seefahrer, berühmt für die besten Seekarten der Welt. PALMA ist allein durch das Meer reich und zu einer der stolzesten Städte des Mittelmeerraumes geworden: Fische im Tausch gegen Seide, Gold und Sklaven. Man sagt, es habe damals in der Balearen-Metropole 360 Kapitäne auf 360 Segelschiffen gegeben, Fregatten, die ihresgleichen suchten. Ansonsten kam vom Meer nichts Gutes!

Nach all den rabiaten Überfällen, vor denen die Bewohner sich schützen mussten, wurden früher auf Mallorca Wohnsiedlung und Hafen getrennt gebaut, wie zum Beispiel SÓLLER und PUERTO SÓLLER, ANDRAITX und PUERTO ANDRAITX. Heute bevorzugen nicht nur Urlauber die einst als Heimstätte verpönten Häfen, auch betuchtere Insulaner zieht es näher ans Wasser. Dafür residieren in den Dörfern Arbeiter, Behörden, Krämer, alte Familien und nur wenige Ausländer, allerdings mit steigender Tendenz. Statt Piraten ankern nun moderne Skipper auf dem tiefblauen Traum, den man selbst von entlegenen Bergkuppen aus glitzern sieht. Wochenlang kreuzen Abenteurer vor den Küsten mit den eleganten Villen, verschwiegenen Buchten und feinen Sandstränden.

WASSER IST ZUKUNFT, WASSER IST LEBEN – ALLES LEBEN ENTSPRINGT DEM MEER. NEUE IMPULSE GEHEN VON HIER AUS.

Apropos Sandstrand: Immer wieder hört man, dass es auf dieser Insel mit der Unmenge an Touristen keine leeren Strände mehr gäbe. In Wahrheit findet man sie hier wie Sand am Meer – aneinandergereiht über 500 Kilometer. Viele einsame, oft menschenleere Buchten sind leicht mit dem Boot erreichbar, das man sich für einen Tag oder länger mieten kann, um die Natur zu erleben, zu der kein Landweg führt: VAMOS A LA CALA! Ganz nebenbei bemerkt der aufmerksame Betrachter, wie sich die Inselregierung trotz aller Sünden um den Erhalt ihrer Naturschönheiten bemüht.

LINKS: Zu Füßen der bewaldeten Berge liegen die schönsten
Häuser mit ihrem Blick auf das glitzernde Mittelmeer

»WENN DU DAS PARADIES ERTRAGEN KANNST, KOMM NACH MALLORCA«
Gertrude Stein (1919)

Flanieren Sie auch so gern am Hafen die Stege entlang wie auf einer Miniatur-Weltreise? Segler verproviantieren sich, Yachtbesitzer polieren stolz ihre Messingteile, das Sprachengewirr zeigt, fast alle Nationen sind vertreten. Wie überdimensionale Zahnstocher ragen Masten in den Himmel, und edle Ruder-kabinen, aus denen die Mahagoni-Maserung selbst von der Promenade aus zu erkennen ist, halten uns mit ihrer blitzenden Technik respektheischend auf Abstand. Man kramt im Gedächtnis, zu welchem Land wohl jene Flagge gehören mag, fragt sich, wo sie schon überall gehisst wurde, schaut verstohlen durch Glastüren und Bullaugen ins Innere der fremden Behausung, um wenigstens einen Hauch dieser besonderen Freiheit zu erspüren. Fernweh packt uns, und insgeheim hoffen wir darauf, dass uns aus der fröhlichen Gesellschaft dort oben eine winkende Hand an Bord bittet.

»Das teuerste Camping überhaupt«, mäkelt ein Freund. »Ich bin doch nicht verrückt und setze mich der Enge, Übel-keit und anderen scheußlichen Unbequemlichkeiten aus, wenn ich es für einen Bruchteil der Kosten in sämtlichen Hotels bes-ser haben kann!«

Jeder Bootseigner würde dazu nur verächtlich mit den Schultern zucken: ein Schiff ist ein Mikrokosmos, eine Schule fürs Leben! Wer an Bord mit anderen Menschen auskommt, wer sich im schwankenden, eingeschränkten Raum gut organi-sieren kann, der schafft es überall. WHO MAKES IT THERE, MAKES IT EVERYWHERE! Was wissen Landratten schon von der Besinnung auf das Wesentliche, der grenzenlosen Weite, den einzigartigen Naturerlebnissen... und dem Gefühl der Achtung vor einem gewaltigen Element. So mancher hat bereits als Kind sehnsüchtig geträumt »wenn ich groß bin, will ich auf einem Schiff wohnen« – und für nicht wenige ging dieser Wunsch in Erfüllung. Allein auf Mallorca beherbergen 34 Yachthäfen mit Unmengen von Liegeplätzen all die realisierten Träume vom Schlauchboot bis zum Luxusliner. Die Marinas sind begehrt bei Eignern jeden Landes, aber auch bei Skippern, die ihre Dienste anbieten und den Riesenpötten in kleinen Booten entgegen-dümpeln.

RECHTS: Boot an Boot – die Domäne der Fischer,
der kleinen Leute, fernab aller Luxusyachten

»UM DIE MITTAGSZEIT, DER SIESTA, VERBREITET DER HAFEN MEIST EINE TÄUSCHEND TRÄGE STIMMUNG. AUF SPEZIELLE
WEISE MELODIÖS UNTERMALT: MIT DUMPFEN SCHLÄGEN STOSSEN SCHWACH VERTÄUTE BOOTE FAST ZÄRTLICH ANEINANDER,
METALLISCHES QUIETSCHEN VON KETTEN UND HAKEN ALS RHYTHMUSGRUPPE, HIN UND WIEDER ENTFERNTES GEMURMEL,
SANFTES PLÄTSCHERN, APPLAUS DURCH LEISES KLATSCHEN EINES SEGELS. EIN MARITIMER ORCHESTERGRABEN.
KEIN ORT, DER ZUM REDEN ANIMIERT.« Aus »Socke & Konsorten« von Alida Gundlach

Trotz der sommerlichen Invasionen haben sich einige Häfen ihren alten Seefahrer-Charme bewahrt, teilweise sogar
durch die edlen Villen unterstrichen, deren Marmor und Mosaike sich im Wasser der mehr als 170 geschützten Buchten
spiegeln, von denen die meisten allerdings immer noch unbesiedelt sind. Draußen an der Felsküste brechen sich derweil
schäumend wilde Wellen, am Pier sieht man Masten, die auf Segel warten.

Hier kann man endlich einmal abtauchen, Kräfte tanken, frische Luft atmen, die Augen verwöhnen. Beim Einlaufen
in den Hafen fährt man vorbei an säuberlich aufgeschichteten Natursteinmauern, romantischen, trutzigen Häusern aus einer
anderen Zeit, eleganten Chalets und beachtlichen Felsen, aus denen ohne jedes Zutun Grünes wächst. Menschen stehen, sitzen und liegen überall dort, wo Maritimes seine Faszination ausstrahlt. Große Wolkenkörper schwimmen stumm und fisch-
ähnlich über ihre Köpfe hinweg, auch im Wasser tummelt sich allerlei Farbenprächtiges. Gelegentlich werden die auf den
Wogen tänzelnden Yachten von Delfinen begleitet, die auf- und abtauchen, als wollten sie die Besatzung zum Spielen auffor-
dern. Barsche, Baracudas, Moränen, Tintenfische huschen nicht nur unter den Schwimmenden hindurch, sondern suchen sich
Hohlräume in alten Schaluppen, die extra ihretwegen versenkt wurden. Zur Erbauung der Touristen, die allein oder mit dem
erlebenswerten Ausflugs-U-Boot NEMO tief hinunter wollen.

Mit Freunden mache ich mich auf den Weg Richtung Westen. An einem heißen Sommertag ist bereits die Fahrt zur
Küste ein Erlebnis. Rechts prunken Berge mit Kieferngrün und Mastixsträuchern, in denen Nachtigallen und Rotkehlchen
nisten, auf der steil abfallenden linken Seite schmeichelt immer wieder das Meer, zum Greifen nahe und schon ein wenig zu
hören. Zwischen Pinien überall Blühendes in Gelb und Weiß, auf dem letzten Wegstück möchte der Oleander nochmal mit seinen tiefrosa Blüten angeben. Ist der Geländewagen geparkt, muss man den kühlenden Nadelhain verlassen, die müden
Glieder durch Dünengras und über glühend heißen Sand bis ans Ende der Bucht bewegen, um sich im Schatten der Felsen
auszuruhen. Dennoch fällt es schwer, die Augen zu schließen, wenn sich die Sonne im Wasser spiegelt, die See in allen Türkis-

RECHTE SEITE: Ankernder Segler in der malerischen Bucht
PI DE LA POSADA, nahe dem Hotel FORMENTOR

und Blautönen schimmert wie die Edelsteine in Aladins Schatzkammer, über die sich ein Himmel aus azurfarbener Seide spannt. Nur die Gewissheit, dass alles beim Aufwachen noch genau so da sein wird, lässt uns kurz einnicken.

Inzwischen sind kleine weiße Wolken aufgezogen und verharren am Horizont. Das ständige Schreien der Möwen ist das einzige laute Geräusch. Eine von ihnen hat sich die Proviant-Tüte geschnappt. Wir lachen, keiner murrt. Ja, wirklich, Sonne beruhigt, sie bringt selbst den Alltag mit seinen gelegentlichen Verlusten zum Strahlen. Und wer erst einmal in die kuschelweichen Arme des Mittelmeeres gesunken ist, will nie wieder davon lassen.

Wasser... an Tagen wie heute plätschert es träge; kleine, verspielte Wellen necken, stellen sich bald warm, bald kühl. Weiter draußen umhüllt uns das Meer entschlossener, trägt sanft, beruhigt mit grünem Faltenwurf und salzigen Küssen. Federleicht gewiegt, werden Strand und Küste zu Erinnerungen in weiter Ferne. Sind Taucherbrille und Schnorchel zur Hand, kann man durch das kristallklare Wasser bis auf den Grund schauen. Fische in Regenbogenfarben huschen emsig zwischen den Steinbrocken und dem feinsandigen Boden des Meeres umher. Hier entdecken wir sein Geheimnis... felsiger Grund erscheint dunkelblau, feiner Sand eher türkis.

Eine Wolkenlänge entfernt liegt ein Schiff mit spanischer Flagge, aus dem eigenartige Musik arabischen Ursprungs schallt. Die Passagiere springen ins Meer, in einen Tuschkasten voller Aquarelltöne, bestaunt von unzähligen Wassertieren, die bestimmt vorsichtshalber schon mal Alarm schlagen. In abgeschiedenen Ecken wie diesen können wir einfach auf dem Rücken liegend »toter Mann« spielen, uns sogar hüllenlos treiben lassen, kein Sportboot oder Surfer weit und breit. An den größeren Stränden ist das anders. Da ankert manche Yacht vor der idyllischen CALA AGULLA, der CALA MOLL oder der CALA DE VALLDEMOSSA, aus denen die Morgensonne farbenprächtige Stillleben in Taubenblau und Orangerot zaubert. Segler verlassen die Häfen vor PALMA, ANDRAITX, SÓLLER und CALA RATJADA, um die Buchten zu entdecken, zu denen keine Straße führt. Oder um sich mit dem Wind nach Menorca und Ibiza wehen zu lassen. Auf die weniger Seetüchtigen warten Flotten von Tretbooten, Surfbretter liegen bereit, Schulen bieten Unterricht an. Seit ein paar Jahren können sich Wagemutige auf Skiern plus Fallschirm mit einem Motorboot über die Wellen bis hoch in die Luft ziehen lassen, doch auch das klassische Wasserskifahren ist weiterhin »in«. Wen es nach einem ersten Blick durch die Taucherbrille mehr in die Tiefe zieht, der kann einen Tauchkurs absolvieren und die Schönheit Mallorcas auch unter Wasser entdecken.

So vertrauenerweckend das Meer sich bei gutem Wetter gebärdet, so unberechenbar ist es bei Sturm. Schon mancher Urlauber, der »seiner« Bucht diese Gewalt nie zugetraut hätte, kam nach einem leichtsinnigen Bad in den lebensgefähr-

RECHTS: Ein Wasserarm in PUERTO ANDRAITX vor dem Hügel
LA TORTUGA, der geheimnisumwitterten Schildkröte

RECHTE SEITE: Abendstimmung in graublauer Seide –
der Hafen von PUERTO ANDRAITX

lichen Brechern mit dem Mund voller Sand, gestauchten Knochen und viel Respekt vor dem Wasser wieder an Land. Die rote Fahne klappert nicht zum Spaß am Mast, und wer einen Strand ohne Badeaufsicht wählt, tut gut daran, das Risiko bei hohem Seegang nicht zu unterschätzen.

Die einheimischen Fischer kennen das Meer zu gut, als dass sie es nicht auch fürchten würden. Und jedes Jahr geben sie dieser Ehrfurcht am 16. Juli Ausdruck: Zu Ehren Mariens, NUESTRA SEÑORA DEL CARMEN, finden in den Häfen von ANDRAITX, deren Schutzpatronin sie ist, aber auch in CALA FIGUERA, CALA D'OR, PORTOCRISTO, SÓLLER und CALA RATJADA Schiffs-Prozessionen statt. »Möge die Madonna ihre liebende Hand über uns halten.« Bei allem Selbstvertrauen, göttliche Hilfe kann man immer gebrauchen!

Wenn am PUERTO Raketen für das Feuerwerk aufgestellt werden und bunte Papiergirlanden im Wind flattern, dann dauert es nicht mehr lange, bis die kleine blumengeschmückte Marienstatue, umringt von einer feierlich gestimmten Menschentraube, aus der Kapelle hinunter zum Wasser getragen wird. Kirchliche Würdenträger führen den Zug an, der von festlich gekleideten Männern und Frauen bis zum extra dafür herausgeputzten Kutter begleitet wird. Die Maria kommt leicht taumelnd an Bord, und das Schiff dreht eine Ehrenrunde. Es fährt einmal hinaus aufs offene Meer, das die Menschen im Fischerort ernährt hat, als es hier noch keinen Tourismus gab. Auf See wird ein Segen gesprochen, bevor die Heiligenstatue wieder an Land gebracht und zurück ins Gotteshaus getragen wird.

Geben auf dem Hinweg noch viele Urlauber der Madonna das Geleit, so sind es zum Schluss fast nur Einheimische, die gemessenen Schrittes die Prozession zu Ende führen. Kleine, braungelockte Mädchen in puristisch weißen Kleidern, mit Goldschmuck in den Ohren, laufen zwischen den Beinen der Großeltern herum, LOS ABUELOS im Sonntagsstaat. Bis zum Dunkelwerden sitzen alle beim Festschmaus, Zugereiste und Hiesige, im Restaurant und zu Hause. Wer Verwandte oder Freunde in Hafennähe hat, ist mit Sicherheit dort eingeladen, denn von hier aus, besonders aus den oberen Stockwerken, hat man die beste Aussicht auf das nun folgende nächtliche Spektakel am Himmel. Restaurants mit Räumen in der ersten Etage sind lange vor dem 16. Juli ausgebucht... Natürlich kann man sich auch unter die Menschenmenge auf der Mole oder der Hafenpromenade mischen. Wenn sich die erwartungsvolle Spannung mit dem brillanten Feuerwerk und den »Aahs« und »Oohs« vieler Kehlen entlädt, ist das Fest zu Ende. Die erleuchteten Schiffe kehren heim und das Meer versinkt in den blinden, pechschwarzen Stunden einer kurzen Nacht.

LINKE SEITE: Segelmasten ragen wie überdimensionale
Zahnstocher in den Himmel und beflügeln die Phantasie

RECHTS: Vater und Sohn, König Juan Carlos von Spanien
und Felipe de Borbón, Prinz von Asturien

DER WIND BLÄST BUCKEL IN
KÖNIGLICHE SEGEL – LA FAMILIA REAL

I m MARIVENT-PALAST weht die spanische Flagge im leichten Sommerwind:

Königs sind da! Die Soldaten in der nahen Kaserne stehen noch etwas

strammer vor der Aufschrift »TODO POR MI PATRIA« – Alles für mein Vater-

land – und selbst Touristen schielen in Häfen, Läden und Restaurants nach einem

Mitglied der königlichen Familie... weiß man doch, die Bourbonen mischen sich

gern unters Volk. Das wär was: Einmal neben LA REINA SOFÍA, der Königin, am

Hummer pulen! Oder das greinende Kind von LA INFANTA ELENA beruhigen, weil Mutter ein neues Kleid probiert! Wo sonst als

auf Mallorca gibt sich der Hochadel derart bürgernah.

Dort, wo König und Königin Amtsräume nutzen, im gotischen Palast LA ALMUDAINA, kann man sogar einige Trakte

besichtigen – ein wirklich lohnendes Erlebnis! Den Ratsaal der Königin erkennt man übrigens gut an den drei Wehrtürmen der

Westseite. Insgesamt hat die imposante Anlage 14 solcher Türme. An einem wurden den schreckgewohnten Menschen die

Köpfe Hingerichteter präsentiert. DIESES Mallorca beschreibt Karl V. 1535 so:

»DORT LEBT EIN VOLLKOMMEN UNBEKANNTES VOLK, REGIERT VON EINEM DUNKLEN PALASTE AUS.« Das hat sich inzwischen

gravierend geändert.

Wem auch der Kulturausflug nicht die erhoffte Begegnung mit den Hoheiten auf ihrem Weg ins Büro brachte, der hat

vielleicht am Pier von PALMA Glück, wenn der spanische König Juan Carlos lässig seine High-Tech-Motoryacht »Fortuna« oder

sein Segelschiff entert, denn vorrangig ist die nobelste aller spanischen Familien aus sportlichen Gründen auf Mallorca. Wie

nahezu jeden Sommer. Und manchmal, ja manchmal erblickt man gleich mehrere gekrönte Häupter an Bord, zum Beispiel die

schwedischen, die gern und häufig zu Besuch kommen, schon weil die Schwester des Königs Carl Gustaf, Prinzessin Birgitta,

ganz in der Nähe wohnt.

RECHTS: Mit fröhlicher Besatzung weit hinaus auf
die See – auch für Nichtsegler ein bezaubernder Anblick

EL REY Juan Carlos gilt als beliebtester Mann Spaniens, fürsorglicher
Familienvater und ambitionierter Sportler. Von sich selbst sagt er:

»WÄRE ICH KEIN KÖNIG, SO WÄRE ICH SICHERLICH SEEMANN GEWORDEN.«

Zu Ehren des Regenten organisiert der REAL CLUB NAUTICO DE PALMA jährlich im Juli/August die COPA DEL REY, die Königsregatta – ein gesellschaftliches Highlight. Auch für Yachtbesitzer und Promenadenbummler. Wie kleine Krebse krabbeln unauffällige und luxuriöse Nussschalen aus sämtlichen Häfen, bilden einen Ring der Bewunderung, eine Art Wasser-Arena um das professionelle Treiben auf See. Balkone in Meeresnähe werden zu Tribünen voller Menschen mit gezückten Ferngläsern, damit man ja nicht verpasst, wer da vorn gerade hisst und kreuzt. In diesen Tagen sind Mallorcas Häfen wie ausgestorben. Keine Wasserratte möchte sich das grandiose Schauspiel entgehen lassen.

Der CLUB NAUTICO dagegen ist ein Bienenkorb... maritim gekleidete Menschen schwirren herum, über die Terrasse summen unentwegt Stimmen, die sich Spanisch und Englisch miteinander verständigen. Auf den Stegen stehen lebendige Trauben Spalier, die Atmosphäre ist einzigartig – ein ständiges Pendeln zwischen Spannung und Relaxen. Jeder Plastikstuhl ist besetzt, ohne Hast wird Wasser, Eistee oder Saft getrunken, schrille Rufe lösen lautes Lachen ab, während weiße Flecken auf den Schiffen hin und her wuseln. Kameraleute versuchen, möglichst viele Prominente einzufangen, in eine Sprechpause klicken Fotoapparate mit Objektiven, so lang wie Trompeten. Man hört Begriffe wie »Knoten«, »vertäuen«, »Fock«, »Spinnaker hissen« und »Leinen los«, dann wird kommandiert, gezogen, gestemmt und vorsichtig über Planken gehüpft. Das Wetter ist ideal, selbst Nichtsegler spüren ehrfürchtig die Kraft des Windes, der nun die Segel bläht und die Boote hinaus aufs Meer treibt, wo sie mühelos wie Ballerinen ihre Pirouetten drehen, wenden, halsen, Winschen kurbeln, Schoten dichtholen. Wohlgefällig scheint die Sonne auf das weiße Zeltdach unter sich und lässt vergnügt ein paar Wellen blitzen. Wie ein Augenzwinkern!

Die COPA DEL REY, dieser wichtigste Segelwettstreit mit einer langen Tradition, ist DER große Sommertreff des westlichen Mittelmeeres und genießt internationales Prestige. Hier trifft sich die Creme de la Creme. Dreihundert Presseleute sind akkreditiert, wenn es heißt: Über etwas mehr als zwanzig Meilen Upwind, Downwind, Triangle, Olympisches Dreieck und über

RECHTS: Das Regattaereignis von Mallorca:
die COPA DEL REY, an der etwa 100 Schiffe aus
mehr als 15 Ländern teilnehmen

hundertzwanzig Meilen Offshore Race. Etwa hundert Boote aus mehr als fünfzehn
Ländern nehmen teil, selbst aus Uruguay und Neuseeland. Beim bejubelten Auslaufen der Gladiatoren geht es verbal um Spaß, real um Sieg oder Niederlage.

Kein Jahr, in dem dabei die spanische Königsfamilie nicht angetreten
wäre. Mit Spitzenteams und bestem Material. Meistens gehen sogar gleich drei Mitglieder an den Start: EL REY, König Juan
Carlos, Kronprinz Felipe und mindestens eine der Töchter, Cristina oder Elena, deren Prioritäten sich allerdings nach Heirat und
Mutterschaft ein wenig verschoben haben. Die Königin beobachtet als Gast die Manöver von Mann und Kindern, die in den
balearischen Gewässern vorn kräftig mitmischen und sich fast immer gut platzieren können. Nicht grundlos wurde der
Königspokal als Qualifizierung für mehrere World Cups ausgewählt... und oft vom König gewonnen. Es ist schon sehenswert,
wenn die Gattin dem Gemahl nach seinem Sieg vor versammelter Mannschaft, Familie und Regatta-Teilnehmern, mit einem
Kuss den Pokal übergibt, den er selbst gestiftet hat und der seinen Namen trägt. Applaus, Applaus! Oder segeln etwa die anderen Crews absichtlich langsamer? Gibt es Privilegien, weil ein König keinesfalls verlieren darf? Weit gefehlt, denn zweifellos ist
Juan Carlos einer der besten Segler Spaniens, durch und durch ein Sportsmann. Ihm macht ein Sieg nur Freude, wenn er ihn
durch erstklassige Leistung errungen hat.

Nach altem Seemannsbrauch wird der Regatta-Erste – im Anschluss an alle Zeremonien – schon mal von Mitstreitern
ins Wasser befördert. Und auch ein Monarch bleibt davon nicht verschont. Wer allerdings im Getümmel um das Königswerfen
den letzten, entscheidenden Stoß ausführt, bleibt meistens ungeklärt. Kronprinz Felipe gehört jedoch immer zu den
Verdächtigen.

Irgendwie ist diese Königsfamilie frei von imperialer Aura, sie ist nicht einmal wirklich glamourös. Obwohl angebli-
che Romanzen des Prinzen ständiges Thema der Boulevard-Presse sind, wird die strapazierte Phantasie der Medien wenig
beflügelt. Für amouröse Abenteuer müssen meist die balearischen Gewässer herhalten, doch DON FELIPE respektiert das
Protokoll, man erwischt ihn einfach nicht in flagranti. PRÍNCIPE DE ASTURIAS, FELIPE DE BORBÓN, der 1968 geborene Thronfolger, trat pflichtgemäß zum Militärdienst an, studierte dann Jura und Betriebswirtschaft. Er segelte für sein Land bei

Olympischen Spielen, repräsentierte bei Nato-Paraden, erschien zu Weltausstellungen und vertrat Spanien stets würdig. Ohne Skandale und Peinlichkeiten. Mein persönliches Geständnis: Ich fand ihn schon auf Fotos attraktiv, aber so direkt vor mir: WOW, QUE GUAPO! Felipe, Prinz von Asturien, ist ein Bild von einem Mann, durchtrainiert und sehr sympathisch. Mit Gardemaß, dazu reich, mächtig und nicht einmal eitel! Ein ernsthafter Mensch mit enger Familienbindung, ein Hoffnungsträger für die Nation. Ist es da ein Wunder, dass etwa dreihundert Töchter des internationalen Hochadels dieses Prachtexemplar ständig im Visier haben? Einen, der so lächeln kann? Da ist Geduld gefordert:

»ICH BIN IMMER IN BEGLEITUNG VON SICHERHEITSKRÄFTEN, STEHE NUR UNTER BEOBACHTUNG.
MEINE CHANCEN, MICH WIRKLICH ZU VERLIEBEN, SIND GERING.«

Immerhin hat sein Vater, in allem sein Vorbild, Sofía gefunden! LA REINA SOFÍA, Tochter der Prinzessin Friederike von Hannover und König Pauls von Griechenland! Ich erinnere mich zu gern daran, dass ich im Kinderballett als Zwerg vor der Königinmutter auftreten durfte, und sie mir zur Krönung später noch die Hand drückte... oh, war ich beeindruckt von dieser zauberhaften, aber wohl auch strengen Frau! Sofía dagegen wirkt sanfter, zarter und war für ihre drei Kinder vorrangig die liebevolle Anlaufstelle für kleine und große Alltagskümmernisse. Die Geschwister sind sehr bodenständig aufgewachsen. Jeder von ihnen liebt das Meer. Elena, die Älteste, reitet zusätzlich gern, lenkt auf Mallorca rasant ihr Mountain-Bike über die Serpentinen, während sich die zwei Jahre jüngere Cristina sowohl im Schnee als auch auf dem Wasser mit Skiern vergnügt. Nesthäkchen Felipe unternimmt viel mit seinem Vater und pflegt ein herzliches Verhältnis zu seinen Schwestern, die sich bestimmt nicht zufällig bei der Gattenwahl am Vater und Bruder orientierten. Iñaki Urdangarín, Ehemann von Cristina, und Jaime de Marichalar, Ehemann von Elena – beides baumlange, sportliche Männer, die wohl nicht nur äußerlich gut in die Familie passen und inzwischen häufiger an der Seite des Königs zu sehen sind.

JUAN CARLOS ALFONSO VICTOR MARIA DE BORBÓN Y BORBÓN, am 5. Januar 1938 geboren, trat ein schweres Erbe an, als ihn eine ganze Nation skeptisch »König von Francos Gnaden« nannte, und gewann dann doch die Herzen der Spanier, nachdem er 1981 in einer mutigen, engagierten Aktion den Putsch der Offiziere gegen die junge Demokratie beendete.

Juan Carlos, der schon als kleiner Prinz durch eine harte Schule ging! Damals verjagten Andersdenkende seinen Vater, Juan, Graf von Barcelona, und so lebte die nicht sehr wohlhabende Familie im portugiesischen Exil, während in Spanien General Franco herrschte. Bis dieser den Elfjährigen nach Madrid zitierte – ohne Eltern; eine Phase, die der erwachsene Juan Carlos als »eiskalt« in Erinnerung hat. Plötzlich war er die »Königliche Hoheit« und Franco wollte ihn, das Kind, zum Nachfolger aufbauen. Doch erst der Zwanzigjährige kehrte endgültig zurück in die alte Heimat und beobachtete aufmerksam die Auswirkungen der Diktatur. Nach dem Tod Francos wurde Juan Carlos König, wie es der General bestimmt hatte... und musste 1975 beim Staatsakt Zurückhaltung und Misstrauen seiner Untertanen hinnehmen. Tempi passati, denn kaum ein Monarch wird so konstant vom Volk geliebt, von spanischen Politikern geachtet, denen er nie dreinredet, aber mit großem Einfluss rät, bewundert von Blaublütigen und Mächtigen in aller Welt, verehrt von den Menschen anderer Länder. Seine umfassende Ausbildung, die erlernte Disziplin zahlen sich aus. Er war es, der seine Bürger nach 40 Jahren Diktatur zurück in die freiheitliche Demokratie führte. Er inspirierte zu neuer Öffnung. Schwer zu glauben, dass es beispielsweise im tanzfreudigen Spanien bis dahin kein Ballett gab. Unter dem neuen König etablierte sich 1978 das spanische Nationalballett, das seitdem mit wunderbaren Inszenierungen und hoher Perfektion das Ansehen des Landes vermehrt.

Manches blieb auf der Strecke... ein König muss Opfer bringen, auch was seine Freundschaften betrifft. Wie Juan Carlos selbst sagt, ist er vorsichtiger geworden. Er hat erlebt, wie einer seiner engsten Berater in den Militärputsch verwickelt war, und findet es seitdem noch schwieriger, den Freund vom Höfling zu unterscheiden. Seinem Biografen José de Villalonga gestand er:

»ICH MUSSTE LERNEN, ZU SCHWEIGEN, UND DAMIT BEGANN DIE EINSAMKEIT. JAHRELANG WURDE JEDES WORT VON MIR EINER HÖHEREN STELLE HINTERBRACHT UND SO INTERPRETIERT, WIE ES DEN LEUTEN PASSTE, DIE NICHT IMMER MEIN BESTES WOLLTEN.«

Von seinem engeren mallorquinischen Kreis wird der König von Spanien schlicht Señor Juan Carlos genannt, ein Mann, der für seine Konsequenz, Toleranz und persönliche Bescheidenheit bekannt ist. Aber Juan Carlos ist auch der Gutaussehende, Heißblütige, dem man immer mal wieder – gerade auf Mallorca – einen Flirt nachsagt, ohne dass es je zu einem handfesten Skandal kam wie in mancher anderen Monarchie.

RECHTS: Regatta geschafft! Das spanische Königspaar
im entspannten Geplauder danach

Seetüchtige finden zu ihm über die gemeinsame Passion Zugang. Selbst in seinem Arbeitszimmer des Schlosses LA ZARZUELA vor den Toren Madrids stehen überall Schiffsmodelle. Bei den Originalen in PALMA hält er sich nicht immer an die vorgeschriebene Geschwindigkeit, eine verbriefte Schwäche... der Mann ist schnell am Ruder und am Steuer, braust gern mal – dank Helm unerkannt – mit seiner Harley Davidson durch Mallorca und freut sich schmunzelnd, wenn ihn ein Unter- tan beim Heben des Schutzschirms entgeistert anstarrt. Juan Carlos hat Humor, lacht gern, man sieht's an den typischen Augenfältchen, sogar, wenn er seine Bewacher fordert. EL REY fährt alle Autos selbst, am liebsten flotte Sportwagen, denen die genervten Sicherheitsbeamten kaum folgen können. Natürlich weiß er auch Gemütlichkeit zu schätzen... gelegentlich eine kubanische Zigarre, Nichtstun an Bord, ein ausgedehntes Mahl. Selten genug bleibt ihm Zeit dazu.

Als ich einmal der heiteren königlichen Familie nebst Gesellschaft in einem kleinen mallorquinischen Restaurant am Meer begegne, ist das ein so unspektakuläres Ereignis, als säßen Müllers dort. Wären nicht die aufgekratzten Kellner, die um krampfhaftes Desinteresse bemühten restlichen Gäste, der mehr als üppige Blumenschmuck gerade auf diesem Tisch – es wäre ein Abendessen wie jedes andere.

Die Spanier betrachten Ihr Königshaus als eine wichtige Institution. So verschont die einheimische Presse LA FAMILIA REAL nicht nur mit der sonst üblichen Häme, sondern veralbert sie auch nicht wie in vielen Ländern an der Tagesordnung. Man schnüffelt nur sehr begrenzt im Privatleben der Hoheiten herum. Und dann mit edelster Begründung: In einem der ältesten Staaten Europas kann es nicht unwichtig sein, wer hier einheiratet, wie man hier lebt. Immerhin überstrahlt die Königsfamilie ETA-Terror, Umweltsünden, Geldprobleme und einiges mehr.

»O JE, WAS WÜRDE WOHL AUS DIESEM LAND, WENN SOWAS WIE ANDERSWO HIER MONARCHEN WÄREN? BLOSS DAS NICHT!«

Schon heute wissen die Spanier, auch der Thronfolger wird ein schweres Erbe antreten. Aus anderen Gründen als sein Vater, denn die Fußstapfen dieses Königs haben starke Spuren hinterlassen, in die Felipe erst einmal hineinpassen muss. Oder geht er etwa ganz eigene Wege? Zuversichtlich traut man ihm die nicht nur im eigenen Lande zu.

Denn sturm- und wettererprobt sind sie ja, die Bourbonen!

LINKE SEITE: Die Lili Marleen, der deutsche Dreimaster
unter vollen Segeln in balearischen Gewässern...

VOM WINDE VERWEHT! AHOI WINDJAMMER!

Der mallorquinische Wind bläst seine Buckel nicht nur in königliche Segel. Heute ist die »Lili Marleen« in PUERTO ANDRAITX eingelaufen. Unter frenetischem Beifall vieler Menschen, die sich so ein Ereignis nicht entgehen lassen möchten. Auch ich stehe am Pier und jubele wie ein Kind. Rechts von mir rücken zwei Männer ihre dunklen Sonnenbrillen zurecht und scheuern erregt die eleganten Sakkos gegen die Mauer, links staunt die dicke Gemüsefrau aus dem nahen COLMADO, die sogar ihre Schürze abgebunden hat. Alle Schulter an Schulter, völlig verzaubert von diesem Anblick, der wohl nicht nur mich an Columbus, Magellan, Vasco da Gama denken lässt. Segel werden geborgen, Taue fliegen an Land, jeder Handgriff sitzt. Jetzt, in dieser Sekunde, sind wir alle Brüder, Einheimische und Urlauber, die sich gegenseitig radebrechend ihre Empfindungen schildern, Fremde, die einander lächelnd duzen im Überschwang der Fernweh-Gefühle.

Die »Lili Marleen«, der deutsche Dreimaster, Kreuzfahrer unter Segeln, hat gerade den Atlantik verlassen, die Straße von Gibraltar passiert und bleibt nun für ein paar Tage in balearischen Gewässern. Da liegt sie also, die prachtvolle Lady... zugleich schwimmendes Hotel, nostalgische Abenteuerbühne und faszinierende Erlebniswelt jenseits der Zeit; eine einzige Verführung. Man möchte ihr grenzenlos vertrauen, dieser leicht schwankenden Einladung zum Träumen, die uns mit ihren fünfzehn Segeln – allen Brechern trotzend – sicher zu neuen Ufern geleiten würde. Auf berauschende Reisen durch fremde Welten, mit von praller Urlaubsluft gefülltem Tuch, jeden Morgen ein neues Land in Sicht. Ach, wäre das schön! Dabei kenne ich noch nicht einmal die typische Seglersprache. Doch da hilft mir der Dichter des weltberühmten Liedes LILI MARLEEN, Hans Leip, der ein begeisterter Seefahrer war. Und auch der Komponist Norbert Schulze, Pate des Dreimasters, konnte dem

RECHTS: Der Lied-Komponist Norbert Schulze
besucht »sein« Schiff Lili Marleen, das für kurze Zeit
in Puerto Andraitx anlegt

Meer nicht widerstehen, hat sich hier angesiedelt und kommt nun mit seiner Frau Brigitte extra aus PORTALS NOUS, um »sein« Schiff zu begrüßen. Der Rat von Hans Leip aus den 20er Jahren richtete sich speziell an Frauen:

»SUCH DIR EINEN STEUERMANN AUS, DER DICH DIE SEEMANNSSPRACHE MIT DER SEELE LEHRT,
DANN KANNST DU BALD UNTERSCHEIDEN: WAND UND WANTEN, BACKTAG UND BACKSTAG,
SCHÄKERN UND SCHÄKEL, TOPF UND TOP, LENZ UND LENZEN, TAILLE UND TALJE, STEAK UND STEK.«

Klingt nach Macho? Man bedenke die andere Zeit, zu der Frauen oft rein gar nichts von maritimen Genüssen verstanden. Heute segeln sie selbst, steuern Yachten, gewinnen Regatten, und falls sie davon nichts interessiert, dann wissen viele zumindest das Leben als Passagier eines solchen Luxusschiffes zu schätzen.

Ich darf auf die Mole, ein Boot setzt mich über, damit Kapitän Uwe Schneidewind und Oberzahlmeister Egon Schulz mich auf die blank gescheuerten Planken der schneeweißen Barkentine hieven können, wo man mich freundlich willkommen heißt, gefolgt von knappen Befehlen an die Mannschaft. Ich staune über die Behaglichkeit der Kabinen, den familiären Ton zwischen Gästen und Crew, die dicken Teppiche, das edle Holz, poliert wie Wachsfrüchte, und die üppige Küche. Und das alles für höchstens fünfzig Gäste, die hier so liebevoll verwöhnt werden. Und die von Mallorcas Seeseite aus schon die markantesten Buchten, die kleinen vorgelagerten Inseln, das besonders schöne Küstenpanorama bewundern konnten, ehe sie jetzt an Land gehen. Welcher Traum von einem Schiff! Das letzte Mal sah ich Ähnliches im Innern einer Flasche!

Nahe der »Lili Marleen« ankert ein fast ebenso grandioser Windjammer, der einem wild dreinblickenden Seebären gehört, und natürlich kommen die beiden Mannschaften an Land schnell miteinander ins Gespräch. Wenn Weltumsegler ihre Geschichten erzählen, entführen sie uns in fremde Regionen. Mit ihnen schweben wir durch Realität und Seemannsgarn, hocken auf einer imaginären Takelage und erleben ihren zweiten Aufguss des Kampfes gegen alle Widerstände! Auch den in mallorquinischen Fluten, die auf ihrer Route um den Globus nur selten fehlen. Abenteuer und Strapazen haben deutliche Spuren hinterlassen, die man beiden ansieht, Schiff wie Kapitän. Und das macht schließlich den unwahrscheinlichsten Bericht glaubwürdig! Aufgekratzt geht man auseinander, bereit für all jene Träume, die selbst dem schlichtesten Alltag Glanz

RECHTS: Gleich beginnt der Landgang, nicht
ohne die guten Wünsche der Schiffsbesatzung

verleihen. Grinsend klettert der grimmige Käptn Ahab in seine Koje und schläft
wohlig dem neuen Tag entgegen, bereit für weitere Märchenstunden.

Schon am nächsten Morgen ist es wieder soweit, gleich sticht die
»Lili Marleen« in See. Der Anker wird gelichtet, Segel gesetzt, Leinen gelöst. Boote
halten sich bereit zum Ehrengeleit durch den Hafen bis hinaus aufs Meer. Das
riesige weiße Gewebe füllt sich mit Wind, der das Schmuckstück kräftig beatmet,
erst leise flatternd, dann heftiger, bis die LILI so richtig in Fahrt kommt. Wieder ist
der Strand voller Menschen, die beeindruckt das Auslaufen verfolgen. Hoch oben
am Mast sitzt jemand von der Besatzung, alle anderen sind auf Position.

Wie ein Relikt aus Urgroßvaters Zeiten gleitet die »Lili Marleen« über den
Wellenteppich, ein eleganter Solitär, umrankt von einer Girlande aus Llauts,
Seglern und Motorbooten als Eskorte. Nichts scheint entfernter als ein Gedanke
an so etwas Profanes wie Seekrankheit. Von der Promenade aus winke ich – wie
alle hier – den Menschen an der Reling zu, die immer kleiner werden. Dafür nimmt
unser Fernweh zu, während wir die historisch anmutende Szene betrachten... und liebend gern wäre jeder mit dabei, auf dieser Reise in Richtung Nizza.

Wind von Achtern, wir sehen die schäumende Spur des Kielwassers, der Segler kommt ordentlich vorwärts auf
seinem strahlenden Sonnenkurs, bis wir ihn kaum noch erkennen können und er langsam am Horizont verschwindet... ein
tiefes Gefühl der Wehmut hinterlassend.

AUF WIEDERSEHEN, LILI MARLEEN!

LINKE SEITE: Viele Golf-Clubs erwarten ihre Mitglieder
in einem eleganten Ressort, das alles bietet

RECHTS: An frischer Luft in herrlicher Umgebung
lässt es sich trefflich ziehen

Wo laufen sie denn?
Golf, Tennis – Hauptsache Sport

Endlose smaragdgrüne, weiche Teppiche, gelegentlich sanft gewölbt, als habe sich ein Kamel darunter verirrt, gesprenkelt mit aquamarinblauen, tiefen Gemälden, die wiederum von dekorativen Kugeln verschiedenster Naturtöne umrahmt werden, dazu akkurat gesetzte Steinblöcke. Bilder einer Vernissage? O nein, die Rede ist vom durchgestylten Golfplatz, bei dem nur wenig der Natur und nichts dem Zufall überlassen bleibt. Ausgerollter unkrautfreier Rasen, spiegelglatte bewegungslose Teiche, zurechtgestutzte Büsche vor handgeklopften Mauern, hier und da ein ausladender Baum, dessen lange Wurzeltentakel das halbe Areal unterlaufen.

Zum Begriff Qualitätstourismus gehört auf Mallorca Golf. Golfer gelten als reich und großzügig, vor allem aber als »Ganzjahresgäste«, die man heutzutage besonders hofiert. Plätze mit und ohne angegliederte Luxusherbergen stehen mehr als reichlich zur Verfügung – von archäologischer Wohnkultur inmitten talayotischer Elemente bis hin zur großzügigen Freizeitgesellschaft, die nahezu alles umfasst. Aquädukte als Anlaufstelle, antike Kalköfen, sind vom Architekten, dem Experten für »niveauvolles Course-Design«, geschickt in die Landschaft integriert worden, dazu taktisch klug angelegte Wasserhindernisse, die der Spieler trotz der schönen Aussicht nicht unterschätzen darf. Es lebt sich geschützt und luxuriös in diesen Golf-Ressorts, inmitten des kurzen, wirklich grünen Grases, der plätschernden Quellen, stillen Seen und üppigen Pflanzenpracht. Nicht zu reden von den Restaurants, Hotels und Clubs gehobener Kategorie. Die Anwohner achten darauf, dass Ausflügler Gäste bleiben und sich nicht etwa einnisten. Das große Immobilien-Geschäft rund um die Plätze ist schärfster Kritik ausgesetzt, und auch über den Wasserverbrauch wird jedes Jahr aufs Neue diskutiert, ohne dass es je etwas bewirkt hätte. Im Gegenteil. Meistens kommt ein Domizil, ein frisches Green hinzu. Vor nicht allzu langer Zeit gab es 13 Golfplätze auf Mallorca, im Moment sind es 17, auf denen sich die Leidenschaft zu Spiel und Spaß ausleben lässt.

RECHTS: Üben, üben, üben – einzige Chance zur
Verbesserung des Handicaps. Die vielen Golfplätze
auf Mallorca bieten dazu beste Voraussetzungen

»Wenn alle Plätze gebaut würden, von denen geredet wird, müsste man auf Mallorca die Helmpflicht wegen Verletzungsgefahr durch Golfbälle einführen« ließ kürzlich Agent Michael Cunnington verlauten.

Noch ist es nicht so weit, obwohl alle Golfer, auch die umjubelten, mallorquinischen Rasen zu schätzen wissen. Besonders das Aushängeschild der Balearen mit dem Handicap Eins, der junge Mallorquiner Javier Garau, der viele Titel errang und etliche Meisterschaften gewann. Seit seinem 12. Lebensjahr steht er auf dem Platz, trainiert am liebsten allein und sucht heute nach kniffligem Gelände, um auf der Weltrangliste höher zu steigen. Im Südwesten finden sich die meisten Anlagen, einputten kann man aber fast überall. Jeder Golfplatz liegt landschaftlich reizvoll, und ist durchweg bestens gepflegter gesellschaftlicher Treffpunkt für Konzerte, Benefiz-Veranstaltungen, Turniere, sogar für die Baleares Open.

Ein weiteres Ereignis wurde von Birgitta von Hohenzollern initiiert, an dem Teilnehmer aus 20 Staaten antreten... dem Gewinner winkt eine von ihr gestiftete Trophäe. Und Olga Bestard bringt alle zusammen. Sie ist die Public Relations-Chefin auf dem ebenso abwechslungs- wie einfallsreichen Golfplatz von Santa Ponça, kümmert sich jedoch um sämtliche Details des Clubs. Ohne die Gattin des amerikanischen Konsuls, Tochter einer russischen Prinzessin und eines polnischen Grafen, läuft hier gar nichts. Sie organisiert Feste für Freunde und wohltätige Anlässe, Wettbewerbe und Dinner. Amerikanische Präsidenten scheinen sich das Eisen in die Hand zu geben, Carter, Clinton, Bush, auch die schwedischen und spanischen Königsfamilien sind Club-Gäste, sobald sie die Insel besuchen. Internationale Kontaktpflege gehört für die polyglotte Olga zum Alltag. Fünf Sprachen spricht sie und zwar hübsch lässig durcheinander. Nur zum Golfspielen hat sie keine Zeit. Das überlässt sie ihrer Freundin aus Kindertagen, Prinzessin Birgitta...

Und so kann man im Sommer außer Prinzessinnen, Königen und Präsidenten auf den schönen Plätzen Mallorcas durchaus mal Stars aus aller Welt am Abschlag treffen, die wie wild aufs Green eindreschen, von Jack Nicholson über Roger Moore bis Franz Beckenbauer. Und niemanden wundert es, dass Mallorca vom Verband PGA Europa offiziell als Golfurlaubsziel anerkannt und empfohlen wird, dass sich die Insel trotz der Gästeflut nach wie vor um Fernsehübertragungen bemüht. Welche Werbung, wenn Anfang März unter sonnigem Himmel hemdsärmelige Spieler in kurzen Hosen beim Abschlag zu sehen sind! Setzt sich da nicht sofort jeder regensatte, schneemüde Europäer ins nächste Flugzeug? Ab nach Mallorca! Und an Schmuddeltagen wird einfach keine Kamera aufgestellt, kein TV-Team zugelassen. Basta!

»DINERO? NO! EN PRIMER LUGAR ESTÁ LA VARIEDAD, UN DEPORTE AGRADABLE«
GELD? IWO! VORRANGIG IST DIE VIELFALT UND FREUDE AM SPORT
Ein einheimischer Club-Manager

Für den Anfänger ist nicht nur das Ballgefühl, die richtige Haltung ein Problem, sondern auch – wie beim Segeln – die Fremdsprache. Nicht etwa Spanisch, denn längst gibt es deutsche, englische, schwedische Golf-Lehrer auf Mallorca, nein, es sind die Golf-Termini, die man intus haben muss... und ohne Englisch läuft da NOTHING, schon gar nicht der Golfball: GREEN FEE, FAIRWAYS, SWING, HEAD-PRO haben es schon in sich, aber dann erst die »KNIFFLIGEN LONG PAR FIVES«, »TEES MIT PHANTASTISCHER AUSSICHT«, »HOHE UND DICHTE ROUGHS«, »KONZIPIERTE PITCH UND PUTPOSITION«. Mich halten vor allem erst einmal die »GEKONNT PLATZIERTEN BUNKER« auf Abstand. Oft müssen die Herren über ein Handicap von mindestens 28 verfügen, um in den Clubs überhaupt starten zu dürfen, Damen werden mit Handicap 35 etwas mehr geschont.

Beim Zuschauen erfahre ich, dass die vielfältigen und unterschiedlichen Schwierigkeitsgrade eine wahre Herausforderung darstellen, man tatsächlich ALLE Eisen benötigt, und dass erfahrene Spieler einen langen, weiten DRIVE haben, den hier nicht jeder Golfplatz bietet. 18 Löcher, ein FULL PAR, müssen es schon sein. Zwar gibt es auch 9, aber die sind eigentlich igitt. In den Clubs kann man Mitglied sein, Gast eines Mitgliedes oder Mitbesitzer, indem man Anteilscheine kauft, durch die sich so manches mallorquinische Ressort absichert. Überhaupt bieten die Golf-Domizile eine Menge Vorteile: Wenn zum Beispiel der passionierte Fred aus dem Bett fällt, landet er vor Loch 14, beginnt das Spiel, egal, zu welcher Stunde. Mal allein, mal mit einem anderen Nestflüchter. Man ist also völlig unabhängig, was Zeit und Partner betrifft, hält sich im Freien auf, beglückt Auge und Kondition, ohne sich zu überfordern, zumal der Fußmarsch vermieden wird. Wozu sind Elektrocarts da?

Trotzdem verbraucht der Aktive circa 1700 Kalorien bei einer Partie, mehr als in manch anderer Sportart. Natürlich erscheint der Lehrer, ein PRO, der mit dem Ball spricht, wann immer man es wünscht, das Restaurant erwartet den Gast mit erlesenen, gesunden Gerichten, und dann schnell noch ein Schwätzchen an der Bar, das sich auch geschäftlich positiv auswirkt – der betuchte Golfer ist König. Selbstverständlich erwartet ihn auf dem Clubgelände ein SHOP mit entsprechender Auswahl an notwendigem Zubehör, aber auch Geschenkideen für den, der bereits alles hat: Den ledernen Golf-Bag, der am Flughafen

RECHTE SEITE: Nach sportlichem Einsatz locken
im Garten Pool und Liegestuhl

immer soviel Staat macht, goldene Schläger als Geldscheinklammer, den Marmorball als Briefbeschwerer. Gern hält man die Gäste im Ressort: HIER sollen sie ihr Geld ausgeben, essen, feiern und wohnen. So bleibt eben alles in der Golf-Familie. Abends kann der Neuling dann seinen Freunden erzählen, dass er heute 72 Schläge geschafft hat. »TOLL«, LOBEN ALLE. »JA, FINDE ICH SELBST AUCH! MORGEN ÜBE ICH DANN AM 2. LOCH!«

Golf – ein Elitesport? Tennis ist kaum billiger, Seefahren eher teurer, trotzdem hält sich dieses Image hartnäckig. Als elitär galt Golf wohl gegenüber Frauen, die in den Clubs lange nicht sehr herzlich begrüßt wurden. Das hat sich geändert. Die Zukunft des Golfs sei weiblich, sagen Fachleute. Mehr und mehr nutzen – gerade auch junge – Frauen die geschützte, dennoch kameradschaftliche Atmosphäre, um sich sportlich zu betätigen. Dazu Top-Golfplatz-Designer Pepe Gancedo, der lediglich bedauert, dass Golf noch keine olympische Disziplin ist:

»GOLFPLÄTZE SIND WIE FRAUEN – MAN MUSS SIE STUDIEREN, BEVOR MAN SIE ANFASST. BETRACHTE ICH EINE SCHLAFENDE FRAU, SEHE ICH STATT DES KÖRPERS EINEN FAIRWAY UND BEKOMME DIE BESTEN IDEEN ZUM ENTWERFEN EINES GOLF-COURSE.«

Und wird der erste Ball anstelle der Grassode getroffen, so prophezeien alle Golfer, sei jeder infiziert. Auch ich!

Im Vergleich zum Golf-Image ist das der Tennisplätze bescheiden. Jedes bessere Hotel auf Mallorca hat mehrere davon, selbst die Appartement-Siedlungen bieten neben dem Pool eingezäunte rote Asche als zentralen Treffpunkt. Also haben sich nur wenige kommerziell betriebene Tennisclubs halten können. Hier werden inzwischen angesehene Turniere ausgetragen, Unterrichtsstunden gegeben und nebenbei Kontakte geknüpft. Das haben die Tennisspieler dann doch wieder mit den Golfern gemeinsam. Nicht von ungefähr sagt man, auf Mallorca sei das Clubleben stets dem Alltagsleben förderlich. Vom Börsentipp unter Kontrahenten bis zum operierten Meniskus durch den Matchgegner, der zum Glück Orthopäde ist.

War es wirklich schon vor einer Ewigkeit, als »unser Boris« den weißen Sport aus den höheren Sphären hinunter auf die Erde holte? Jedes Kind wollte ihm nacheifern – und trat ein in den Verein! Rafael Vidal aus Manacor ging es nicht anders. Auf Mallorca ist er der Champion, nun will er sich in der Weltrangliste nach vorn spielen und hat dabei inzwischen gute Chancen. Wie heute Golf, galt zu Boris' Anfängen Tennis als total abgehoben und viel zu teuer. Mittlerweile hat fast jeder sein RACKET im Gepäck, Schuhe und Dress sowieso.

RECHTS: Wassersport und Spaß in jeder
erdenklichen Art

Vom Meer sanft geschaukelt, lassen sich natürlich auch alle Arten von Wassersport auf Mallorca ausüben, vom Surfen und Parasailing bis zum Wasserski, Angeln und Hochseefischen. Tauchern öffnet sich im glasklaren Gewässer eine vielfältige Welt, die manchen überraschen wird, weil er sie so eher auf den Malediven erwartet. Für jeden sportlichen Wunsch finden sich Schulen, private Lehrer oder Clubs. Viele bieten eine kostenlose Schnupperstunde an. Magazine, Tourismus-Informationen, Hotels und Tipp-Hefte sagen wo, wann, wie teuer.

Gegenwärtig sind die mallorquinischen Promenaden, wie überall auf der Welt, von Inline-Skatern okkupiert. In vielen Ländern wurde das just verboten und unter Strafe gestellt – noch gehört Mallorca nicht dazu. Immerhin lockert die flinke Parade die übliche Bummel-Szene fröhlich auf, wenn junge wie ältere Menschen, meist mit geschultertem Rucksack, auf schnurgeradem Asphalt am Meer entlangflitzen. Im Sommer eher slalommäßig und daher nicht ungefährlich. Da fragt man sich schon: Wie wär's im reichen Mallorca mit Fahrradwegen ?

Ein Sport der besonderen Art findet alljährlich mitten im Hochsommer in POLLENÇA statt. Mit der Eigenheit, dass man ungeübt sein darf und, im Gegensatz zu anderen Disziplinen, erst kurz VORHER Kraft und Mut tanken kann. Wenn sich nämlich die Christen und die Mauren für ihre Kämpfe stärken, kreist schon mal die Flasche! 1561 besiegten getaufte Christen die maurische Piratenmacht, jagten die Heiden zurück aufs Meer und hinterließen Spuren des Jubels im ganzen Land. Bis heute werden diese Szenen nachgespielt, MOROS Y CRISTIANS nach einem ausgeklügelten System eingeteilt, bis sich endlich die beiden kostümierten, geschminkten, mit Stöcken bewaffneten Mannschaften laut grölend gegenüberstehen. Und dann wird mit rüden Beschimpfungen, Fäusten und Holz so lange aufeinander eingedroschen, bis die historisch aufgewühlte Volksseele Ruhe gibt und der Arm erlahmt ist. Außer dem sonntäglichen Markt bringt nichts die Bürger so sehr auf die Beine wie dieses Spektakel, das Tausende von Schaulustigen anzieht. Der beste Logenplatz bietet sich direkt neben der Kirche an, im kleinen Stadthotel SON SANT JORDI, wo man gefahrlos der Keilerei zusieht, das heile, gut gefüllte Glas genüsslich zum Munde führt und sich nach Stunden wüsten Gelages darüber amüsiert, wie die Piratin so versöhnt wie entfesselt den erschöpften Christensohn küsst.

RECHTS: Heitere Mallorquinerinnen im historischen
Kampfgetümmel der Christen gegen die Mauren

Neben diesem Festtagssport wird außer Golf und Segeln, Tennis und Radfahren in den nächsten Jahren bestimmt Bergwandern zu einer weiteren Insel-Attraktion. Gerade in den Bergen präsentiert sich ein herrliches Panorama mit schroffer Felsenkulisse, einem weiten Blick aufs Meer, dem Duft von Ginster und Lavendel. Am CAP FORMENTOR zum Beispiel ist die Steilküste bis zu 300 Meter hoch und zeigt sich von ihrer allerbesten Seite. Hier überfliegen Kormorane, Felsentauben und Falken die schmale Halbinsel im äußersten Nordwesten, ihrem bevorzugten Landeplatz.

Die Straße SA CALOBRA, wie man im Spanischen die Natter nennt, schlängelt sich etwas mehr als 12 Kilometer aus einer Höhe von 800 Meter hinab ans Meer, wickelt eine Kurve nach der anderen aus, bis die winzige gleichnamige Bucht erreicht ist. Als Autofahrer konzentriert man sich besser auf die Serpentinenroute und bewundert die dramatische Aussicht erst bei einer Rast. Zu Fuß allerdings hat man den Genuss sofort und ungeteilt. Vom KLOSTER LLUC aus steigt man auf einem Pfad abwärts, zugegeben mühsam, aber unvergesslich. Ein Hauch Unendlichkeit streift den Bergwanderer, eine ehrfurchtgebietende und beruhigende Gewissheit, dass etwas viel größer ist als man selbst, viel größer als alles, was wir oft für das Zentrum des Daseins halten. Wenn ihn plötzlich vom Kloster, dem Ort der Stille und Einkehr, aus unsichtbaren Jungenkehlen ein überirdischer Gesang begleitet, wird sein Erlebnis ins Unermessliche gesteigert. Uralte Choräle dringen aus den geöffneten Fenstern, der Knabenchor des Klosters hat Probe. Zeit wird bedeutungslos inmitten der gewaltigen Natur, ein Jahrhundert nur zu einem Lidschlag der Ewigkeit – die Felsen, Gipfel und Bäume haben scheinbar keine Veränderung erfahren. Wie die wilden Ziegen sucht sich der einsame Mensch über Steine und rutschende, krustige Erde seinen Weg.

Doch selbst dieser Schwierigkeitsgrad lässt sich noch steigern – Praxis und Erfahrung vorausgesetzt. Angebote gibt es genug, denn Kraxeln im alpinen Mallorca wird immer beliebter. Viele Menschen, die auf Mallorca zur Freizeitbeschäftigung oder gar professionell trainieren, sind der Meinung: Churchill mit seinem NO SPORTS hatte doch keine Ahnung!

LINKE SEITE: Der amerikanische Weltstar
Goldie Hawn bei einem der vielen Mallorca-Besuche

RECHTS: Die »Brave Mollie«, Urlaubsdomizil
des Hollywoodstars

WELLENSTREICHELN MIT GOLDIE HAWN UND SIR PETER USTINOV

Goldie Hawn kennt Mallorca schon lange. Bereits als die Kinder noch klein waren, hat sie mit ihnen die Insel besucht. Ihre Freundin Julie Christie hatte sie darauf gebracht, hier einmal Urlaub zu machen. Heute kommt ja halb Hollywood vorbei und man ist wieder ganz unter sich, aber damals wusste in Amerika kaum einer etwas von den Balearen. Anfang der 80er Jahre besaß Goldie Hawn sogar eine Weile ein Haus auf Ibiza, hing mit den Hippies am Strand herum und fuhr, wenn es ihr zu bunt wurde, mit der Fähre nach Mallorca. Mal mit, mal ohne Kinder.

Inzwischen verlebte die amerikanische Filmschauspielerin mehrmals ihre Ferien auf S'ESTACA, dem Besitz von Michael Douglas bei VALLDEMOSSA, spielte mit ihm und dem anderen Hausgast Jack Nicholson Golf im CLUB SON VIDA, dem imposanten Schloss der Aragonen aus dem 13. Jahrhundert, das heute ein luxuriöses 5-Sterne-Hotel ist.

Oder sie ging in den Designer-Boutiquen von PALMA einkaufen. »Shopping« muss sein, egal, wo sie sich befindet. Eine neue Stadt? Die wird erst einmal in den Ladenstraßen erkundet, ehe sie sich langsam an die fremde Umgebung herantastet. Dann fährt sie durchs Landesinnere, durch Wälder und Macchien, die Küste entlang, als Ziel die Villa oder Finca von Freunden, ein Restaurant, einen menschenleeren Aussichtspunkt. Und als Abschluss immer die Balearen-Kreuzfahrt auf der eigens von ihr gecharterten Yacht!

Goldie Hawn ist seefest, wenn auch nicht seetüchtig. Auf Schiffen möchte sie gern kurz und bündig die Funktion jeder Bohle, jedes Messingteilchens, jeder Pumpe erklärt haben – doch arbeiten sollen damit gefälligst die anderen! Sie hat sich jedes Wort gemerkt, denn als ich sie besuche, muss ich mit in den Maschinenraum, wo sie mir zunächst fachmännisch auseinander setzt, was es mit den tuckernden Motoren so auf sich hat. Fühlt sie sich an Bord erst einmal zu Hause, genügen ihr Wasser, Eistee, Obst und ein Liegestuhl, um vollkommen entspannt im Hier und Jetzt das schwankende Hotel mit der

RECHTS: Zwei im Einklang:
Goldie Hawn und Alida Gundlach

außergewöhnlichen Umgebung zu genießen. So ausgiebig begeistert, wie sie fast alles angeht! Trotz heftiger Brise, die ihr die Haare zerzaust, rollt und schiebt sie unaufhörlich die blonden Strähnen auf und nieder, zwirbelt sie um die Finger... und sieht dann trotzdem nie so wirr aus wie unsereins.

Meine erste Begegnung mit Goldie Hawn liegt viele Jahre zurück. Damals drehten wir ein »Star-Porträt« über sie in einem Hamburger Hotel. Während der Filmstar freundlich mit einigen Journalisten plauderte, sah ich mich im Foyer um und fuhr dann zum verabredeten Treffpunkt in ihre Suite hinauf, in der mich eine Mitarbeiterin in Empfang nehmen sollte. Die Tür stand offen, das Erste, was ich beim Eintreten entdeckte, war ein einladend aussehender Obstkorb: Erdbeeren, Orangen, Melonen. Daneben Salate, Gemüse, Milch – nichts als Gesundes! Plötzlich hielt mir jemand einen Joghurtbecher hin »na, möchtest du?« und ehe ich reagieren konnte, ergoss sich ein Wortschwall über mich, der den Genuss frischer Nahrung, kalorienarmer Getränke und die Freuden täglicher Fitness-Übungen pries. Goldie Hawn redete mit mir, als sei meine Anwesenheit in ihrer Suite völlig normal.

Später trafen wir uns mehrfach, jedes Mal erinnerte sie sich an mich und fragte nach Dingen, die das Jahr zuvor ein Thema zwischen uns waren. Unvorstellbar, dass jemand diesen zauberhaften, attraktiven Quirl nicht augenblicklich ins Herz schließt. Über alles spricht sie, von allem erzählt sie: Wie sehr sie die nötigen Sicherheitsmaßnahmen zum Schutz ihrer Kinder nerven, dass Skilaufen in Aspen das Größte sei, abgesehen von ihrer Ranch, auf der sich die ganze Familie so oft wie möglich aufhalte. Und wie »glücklich und stolz« sie über den Erfolg ihrer Tochter Kate Hudson sei.

Sieht man die vielen Filme, in denen Goldie Hawn Hauptrollen spielt, und überschlägt schnell die Zeit, die wohl die Dreharbeiten in Anspruch nahmen, kann man nur staunen, wie sie es schafft, außer in Aspen, der Ranch und in Europa noch auf zahllosen Veranstaltungen zu erscheinen. Diese zierliche Frau ist nicht nur auf eine besondere Weise schön, sie ist eine echte Komödiantin und hat eine Unmenge an Kraft. Ein Voll-Profi, von dem man viel lernen kann, vor allem den unkomplizierten Umgang mit jedem Menschen, aber auch mit den Medien, denen sie ganz selbstverständlich einen Teil ihrer Zeit zur Verfügung stellt – damit man sie danach in Ruhe lässt. Ihr Lachen ist so ansteckend, dass man manchmal vor überschäumender Heiterkeit die Pointe verpasst.

Jeanne steht auf ihrer Kreditkarte, aber so nennt sie schon lange niemand mehr. Goldie Hawn ist ein Skorpion, am 21.11.45 in Washington geboren. Beide Eltern sind Künstler, die Kleine wird früh an Ballett und MODERN DANCE herangeführt.

RECHTS: Sir Peter Ustinov bei FORMENTOR
auf dem Weg zu seinem Schiff

Die Spuren davon sind bis heute erkennbar: Der graziöse Gang, die Beweglichkeit, die Disziplin. Nach ihrer Ausbildung in Tanz, Gesang und Schauspiel arbeitet sie bis 1967 als Tänzerin und Choreografin, bis der Erfolg sie überrollt, den sie in zwei Fernsehserien hat. 1969 wechselt Goldie Hawn endgültig zum Film, verwöhnt mit Lob und Preisen. Über den Regisseur Gus Trikonis und den Musiker Bill Hudson, ihre beiden Ex-Männer, spricht sie nicht viel, dafür um so mehr von Oliver und Kate, ihren Kindern, jedes aus einer dieser Ehen, und... mit glitzernden Augen von Kurt Russell, mit dem sie seit 1983 – entgegen aller Gerüchte – bis heute zusammenlebt. Auch er brachte ein Kind aus einer früheren Ehe mit, Wyatt ist der gemeinsame Sohn. Goldie redet nur von »meinen vier Kindern« und versucht, das meiste mit allen gemeinsam zu unternehmen – trotz aller Abnabelungsprozesse.

Hier auf dem Schiff erzählt sie wieder von »Kurt« und den Kindern, dem Alltag, der Faszination, die das Meer auf sie ausübt. Sie sieht toll aus in ihrem weißen Badeanzug, der Farbe, die sie sowohl in der Kleidung als auch in ihrem Wohnstil liebt. Schwarz höchstens mal beim sportlichen Outfit, dann aber möglichst aus handschuhweichem Leder oder seidigem Material. Sie hat Geschmack und weiß genau, was ihr steht. Davon können mallorquinische Verkäuferinnen ein Lied singen. Goldie Hawn ist eben nicht nur für Männer eine Traumfrau.

Der Zweimaster in der CALA PI DE LA POSADA heißt NITCHEVO, was auf Russisch NIX bedeutet, und gehört SIR PETER USTINOV. Ganz in der Nähe, am nördlichsten Punkt der Insel, steht das legendäre HOTEL FORMENTOR in Warteposition. Sir Peter und seine Frau werden freudig begrüßt, beide betrachten das Haus als zusätzlichen Wohnsitz in ihrem Segelrevier, flanieren durch den eindrucksvollen Garten mit seiner Pracht an Orchideen, Rosen, Oleanderbüschen und Palmen, dem Duft nach Zitronen und Pinien, durch deren Zweige man das Schiff erkennen kann. Nach Charlie Chaplin residierte Placido Domingo in der edel angestaubten Luxusherberge, auf John Wayne folgte Theo Waigel, nicht zu vergessen Audrey Hepurn und Ernest Hemingway. Und nun schon seit Urzeiten die Ustinovs.

RECHTE SEITE: Manch einer tauscht bei diesem
Anblick gern sein Haus gegen ein Leben an Bord

Kein Gast schreitet die sechzig zerklüfteten Steinstufen so majestätisch hinab wie der Darsteller des Kaisers Nero. Dort, an der untersten Schwelle, stehe ich und erwarte ihn, das Multi-Genie, den Kosmopoliten, der all die klugen Bonmots in sechs Sprachen ausdrücken kann, die er fließend spricht. Er hat was von Asterix und Obelix zugleich, wäre da nicht die Distanz, die er bei aller Offenheit bewahrt. Lauert vielleicht hinter dem Clown – wie so oft – der Melancholiker, der in diesem speziellen Fall meist unterliegt, weil dem wachen Geist des Komödianten so viel Respekt zuteil wird? Wenn ich mit derartigen Gedanken seine innere Welt erreiche, dann schaut Sir Peter mich plötzlich aufmerksam an, wirkt ein wenig überrascht und lacht dieses tiefe abgehackte typische Gurren, bis mir ganz warm ums Herz wird. Frau Ustinov lässt auf sich warten, der Gatte wird ein wenig unruhig und hält Ausschau. Als Hélène endlich bei uns eintrifft, strahlt er. So viel Freude nach ein paar getrennten Minuten?

»ICH FREUE MICH IMMER, MEINE FRAU WIEDERZUSEHEN, WEIL ICH SIE SO GUT KENNE,« ist die Antwort. Er ist in dritter Ehe mit der adligen französischen Schriftstellerin verheiratet, nachdem er für seine vier Kinder – drei Töchter und ein Sohn – über lange Zeit der allein erziehende Vater war. »Ich habe ihnen die Mutter ersetzt, so gut es ging. Und es ging besser, als wir alle gedacht haben. Wir konnten uns gegenseitig viel beibringen.«

Das geschichtsträchtige Mittelmeer, in dem schon Cäsar kreuzte, wärmt ihn mehr als andere Urlaubsorte, von denen er eine Menge kennt. Mitten auf dem Wasser findet man eine Welt, die es längst nicht mehr gibt... eine Welt ohne Hochhäuser, Ozonloch, Waldsterben, Verkehrschaos. Auch Segeln ist eine Art Relikt aus dieser Zeit, das sich seit dem Mittelalter kaum verändert hat: »Ich bin ein altmodischer Mensch, ich liebe Patina. An Häusern, Schiffen und Autos.«

Und er ist treu. Dr. Peter Koester ist seit über zwanzig Jahren sein Freund und Agent, beschützt den Vielbeschäftigten vor sich selbst, schirmt ihn ab und begleitet ihn. Außer in den Ferien! Da segelt Peter Ustinov in erster Linie um des Segelns willen. Viele Handgriffe erledigt er selbst an Bord, trotz der kleinen Crew, die ihn stets begleitet. Wirklich unentbehrlich scheint vor allem sein Koch zu sein, der ihn auf seinen Törns verwöhnt. Eingekauft wird auf den Märkten der Gegend, meistens in POLLENÇA. Und nach dem Essen legt der Eigner Wert auf ein Nickerchen, dem möglicherweise eine »kleine Runde um die Buchten« folgt..

1957 hat er das Schiff für 20.000 Dollar einem mexikanischen Teppichhändler abgekauft, der glaubte, damit ein gutes Geschäft zu machen. In Wirklichkeit, findet Peter Ustinov, war er, nur er, der Sieger dieses Deals.

LINKS: Die Steilküste im äußersten Nordwesten –
Brutplatz für Falken und Kormorane

Vor vielen Jahren lebte Ustinov auf Mallorca in meiner Nachbarschaft. Er kannte die Insel genau, sogar den Schriftsteller Robert Graves persönlich, der nun in Deià ruht, dem er zu Ruhm und Ehre verhalf. Irgendwann verkaufte Sir Peter das schöne Haus und kommt inzwischen nur noch per Schiff und zur Stippvisite auf die Insel. Sein eigentlicher Wohnsitz Clos du Château liegt hoch über dem Genfer See mit einem Ausblick, den mancher nie eintauschen würde. Außerdem befindet sich dort sein eigener Weinberg, dessen Erzeugnis er durchaus zu schätzen weiß. Hat er überhaupt für irgendein Land ein Heimatgefühl?

»Ich brauche keine Heimat. Sehen Sie die Taube dort? Weiss sie etwa, dass sie eine mallorquinische Taube ist?«

Ustinov ist 11 Monate jünger als der Papst, wie er schmunzelnd betont, hat aber mit seinen 100 Terminen pro Jahr auch ein größeres Reisepensum zu absolvieren als der Pontifex. Ausstrahlungsmäßig ist der Jüngere jedenfalls ungebrochen. Überhaupt ein Phänomen, der Mann! Monatelang reist er durch Australien, Indien und Südafrika für eine Fernsehserie über Mark Twain, inszeniert Opern, amüsiert den englischen Hof als Gast von Prinz Charles, moderiert, dreht Werbespots und ist ständig als UNICEF-Botschafter unterwegs. Sir Peter Ustinov, ein berufener Schauspieler, ein Meister der kleinen Gesten und leisen Töne, mit denen er unsere laute Welt entlarvt. Seine Pointen sitzen auf den Punkt, mit seinem barocken Gemüt täuscht er manchen über den scharfen Verstand hinweg. Ich sehe ihn aufmerksam an, während er spricht, er wirkt abgespannt und müde. Manchmal glaube ich, die vielen Reisen, das ständige Schwirren durch die Kontinente, könnten auch eine Flucht sein. Vor Altersmelancholie? Er wiegt seinen Kopf hin und her, bebt leicht mit den Nasenflügeln, schaut mit heruntergezogenen Mundwinkeln wieder ganz erstaunt und brummt: »Möglich«. Ein wenig kleiner scheint er geworden zu sein, seit ich ihn das letzte Mal sah. Dieser wundervolle Virtuose, dieser lebendige Geist, dessen Körper die Konkurrenz damit aufgeben will. Ein Eindruck, der schmerzt. Aber kaum betritt er eine Bühne und sitzt vor seinem Publikum, zu welchem Zweck auch immer, ist alles verflogen! Seine Worte lassen Bilder entstehen, er pariert jede Frage, kennt sich bestens aus im Weltgeschehen, und auch sein Charme Frauen gegenüber ist unverändert:

»Autos und Frauen sind meine Leidenschaft, aber im Gegensatz zu Frauen erkenne ich Autos am Klang.«

RECHTS: Die Kamera ist aus Sir Peter Ustinovs
Leben nicht wegzudenken

1990 wird Ustinov von der englischen Königin zum Ritter geschlagen und hat seitdem einen Anspruch auf den Titel »Sir«. Vielen Filmen hat er Glanz verliehen, dabei wäre sein eigenes Leben verfilmenswert. Er wurde als Peter Alexander Ustinov am 16. April 1921 in London geboren, mit einem bunten Nationalitätengemisch seiner Vorfahren in den Genen – deutsch, französisch, russisch, italienisch, sogar äthiopisch. Goßvater Offizier, Vater Offizier, auch er selbst »diente« in der englischen Armee. Doch schon früh war ihm die wahre Richtung klar: Schauspiel, Revue, Regie, Bücher. Wenn überhaupt, ist London so etwas wie eine Heimat. Hier schrieb er etliche Theaterstücke, Drehbücher, Romane und Memoiren, inszenierte Schauspiele, Opern und entwarf Bühnenbilder. Später, nach all den Reisen, stellte er Fotosammlungen vor, erarbeitete Soloprogramme, so, als müsse jede Nationalität ein eigenes Spielfeld bekommen. Oscars, Emmys, Grammys, Bambis und unzählige andere Preise dokumentieren seine Beliebtheit, seinen Erfolg.

Schon in der Londoner Eliteschule brachte er die Kameraden zum Lachen und die Lehrer zur Verzweiflung. Seit damals ist er ein Sportsfreund, heute eher theoretisch, von Tennis, Fußball oder der Formel 1. Für sich selbst liebt er Oldtimer, fährt seinen Aston Martin oder lässt sich chauffieren. Autotouren sind was Feines, findet er, man ruht sich aus und sieht dennoch viel von allem. Bloß Reiten lehnt er kategorisch ab:

»ICH SCHÄTZE ES GAR NICHT, AUF ETWAS ZU SITZEN, DESSEN GESICHT ICH NICHT SEHEN KANN.
DARUM REITE ICH NICHT. DAS MUSSTE ICH IN FRÜHEREN FILMEN OFT GENUG TUN«

Wenn man die Begabungen dieses Mannes aufzählt, von denen ihm jede einzelne Ruhm brachte, ist es, als sei von zig Personen die Rede: Schriftsteller, Schauspieler, Philosoph, Lebenskünstler, Komödiant, Dramatiker, Botschafter, Regisseur, Erzähler, Entertainer, Opern-Experte, Maler, Fotograf. Und noch immer steckt sein Köcher voller Pfeile, denen er mit pfiffigem Grinsen die Spitze nimmt. Sir Peter Ustinov ist ein Gesamtkunstwerk, eine aussterbende Spezies. Seine Phantasie ist riesig, seine Beziehungen unerschöpflich, ihm ist alles zuzutrauen, selbst Unsterblichkeit.

»DIE LETZTE STIMME, DIE ZU HÖREN IST, BEVOR WIR DEN PLANETEN IN DIE LUFT JAGEN, WIRD EINEM WISSENSCHAFTLER GEHÖREN, DER BEHAUPTET, DAS SEI TECHNISCH GAR NICHT MÖGLICH.«

PROMINENTENTREFF MALLORCA UND ANDERE ENTDECKUNGEN

Schon der frisch verliebte Frédéric Chopin wusste den Sommer auf Mallorca zu schätzen: »Ein Himmel wie Türkis, eine See wie Lapislazuli, Berge wie Smaragd, Luft wie von Engeln. Den ganzen Tag Sonne und Wärme, abends Gitarren und stundenlanger Gesang – ein grandioses Dasein!«

Wenn sich die Hitze des Tages legt, die Mallorquiner langsam ihre kühlenden Wände verlassen, Kopf und Seele frei werden für die angenehmen Dinge des Lebens, dann trifft man sich auf den PLAZAS der Dörfer und auf den quirligen Promenaden größerer Orte in schicken kleinen Läden, Restaurants, Cafés und Bars, die alle bis weit in die Nacht hinein geöffnet bleiben. Faulenzer dösen in der Sonne wie Salamander unterm Bougainvillea-Strauch, der die ganze Wand in blütenreichem Pink bedeckt, eine Zeitung wird mehr durchblättert als gelesen, ein Teller mit Tapas und der VINO TINTO aus BINISSALEM stehen zum Nippen und Naschen in greifbarer Nähe. Da kann es einem schon passieren, dass man unvermittelt vor MICHAEL DOUGLAS steht, der für seine Liebste Schmuck in der CALLE VERI ausgesucht hat. Die Engländerin CATHERINE ZETA-JONES soll gar überlegt haben, ob sie ihren Amerikaner nicht in einer der schönen, alten Kirchen auf Mallorca heiratet. Aber mit der Ex-Frau Diandra in der Nähe? Noch dazu einer Mallorquinerin? Lieber nicht. Mit ihr und seinem Sohn Cameron teilt sich der Hollywood-Star nach der Scheidung den Besitz S'ESTACA an der Westküste, der auf 250.000 Quadratmetern genügend Ausweichfläche für alte und neue Ehefrauen bietet. Mittlerweile ist das Paar nicht nur verheiratet, sondern hat außer dem gemeinsamen Geburtstag am 25. September noch ein Kind, das Michael Douglas zum ständigen Schwärmen veranlasst, wie schön es sei, mit 55 noch mal Vater zu werden. Und – beide lieben Mallorca! Catherine Zeta-Jones: »Im früheren Leben war ich bestimmt ein Fisch, denn ich könnte mich immer im Wasser aufhalten. Vielleicht finde ich auch darum die Insel so mystisch und inspirierend.« Die Mallorquiner erwidern die Zuneigung, schließlich sorgen gerade diese beiden für Glamour und internationales Flair.

RECHTS: Hart arbeitende Fernsehmoderatorinnen
wie Ulla Kock am Brink lernen auf Mallorca wieder
die Unbeschwertheit

ULLA KOCK AM BRINK und ALFRED BREMM haben ihr Haus in GALILEA an Freunde verkauft. Es gab diverse Gründe dafür. Jetzt sind sie Urlauber wie die meisten, die Mallorca besuchen. Die Moderatorin verschiedener Fernsehshows ist eine exzellente Taucherin, die die Unterwasserwelt der Insel am liebsten mit Sauerstoffgerät und großer Ausrüstung erforscht. Viel Zeit bleibt ihr nicht dafür... der reichlich beschäftigten Frau mit ihrem ausgezeichneten Agenten – privat wie beruflich ein DREAM-TEAM! Beide kennen Mallorca seit Jahren, trotzdem gibt es für sie noch immer etliches zu entdecken. Also wird Mallorca auch in Zukunft zu ihren bevorzugten Urlaubszielen gehören.

Wenn die Insel in der Sommersonne liegt, trifft RALF SCHUMACHER in seiner terracottafarbenen Villa in CAMP DE MAR ein, neuerdings mit eigener Familie, manchmal sogar mit Bruder MICHAEL im Schlepptau. Vielleicht besuchen sie nebenan ihren Manager WILLI WEBER, der dort zu Hause ist, und sprechen mit ihm über Liebe, Leben und das Vatersein, wahrscheinlich über alles andere als über die Formel 1. Nur einen Steinwurf entfernt schaut CLAUDIA SCHIFFER auf ihrem riesigen, ständig umlagerten Anwesen vorbei, das auf Mallorca Zündstoff für viele Diskussionen lieferte. Und sogar BORIS BECKER wagt nach endlosen Behörden-Querelen mal wieder einen Abstecher auf seine Finca bei ARTÀ... und sei es bloß, um seinen Freund CARL-UWE STEEB in der Nachbarschaft zu sehen oder wenigstens einmal ungefragt zu sein. Fast jeder von ihnen begibt sich gern aufs Boot und lässt sich weit hinaus aufs Meer treiben. Fort von Verpflichtungen, Ansprüchen, Neugierigen, und fort aus einer Welt, in der man als Mittelpunkt kaum noch selbst etwas beobachten kann.

Da ist AXEL THORER besser dran! Der leidenschaftliche Journalist, der ein Berufsleben lang über die Präsenz Prominenter in seiner Zeitschrift mit entschieden hat, genießt selbst die Möglichkeit, unbeachtet bleiben zu können. Im Norden Mallorcas bewohnt er eine rustikale Finca und führt dort ein Leben, das er für sich als »gut« erkannt hat: »Mit zunehmendem Alter ist mir die Botanik immer wichtiger geworden. Erst heute weiß ich die Abgeschiedenheit in der Natur so richtig zu schätzen, zumal ich auch mit mir in gewünschter Gesellschaft bin.«

Die Brille kaschiert sein Augenzwinkern, der extravagante Bart sein täuschend harmloses Grinsen. Für ihn ist die Insel ein eigener kleiner Planet, »der sich so gut versteckt, dass ihn Millionen einfach nicht kapieren.« Nie würde er sich hier einer Gruppe anschließen, nie ein Partygänger sein! Falls er überhaupt seine Einsiedelei verlässt, dann trifft sich Axel Thorer mit Einheimischen, tauscht sich mit Sammlern über sein Hobby Kunst aus und plaudert mit Lebenskünstlern über die Erde, in der er selbst oft buddelt. Maximal fünf Freunde dürfen ihn hier besuchen, und eventuell sogar nach PORTO COLOM ins SA CUINA

RECHTS OBEN: Alex Thorer auf seinem Lieblingssofa

RECHTS UNTEN: Multimillionär Richard Branson
wie immer in Bewegung

begleiten, um mit ihm die Gerichte der mallorquinischen Nationalküche durchzu-
probieren.

Den Geruch nach Knoblauch und HIERBAS verströmend, bummeln sie
später durch Antiquitätenläden, Flohmärkte und Museen, immer bereit, das Besondere zu sehen. In manchen Nächten geht er hinaus in seinen Garten, klopft
fröhlich auf das Blech seiner 2CV-Ente, und wenn ihn dabei das Glück mit voller
Wucht überkommt, weil er genau so wie hier und jetzt am Leben ist, »dann greife
ich schon mal mit der Hand in den sternenübersäten, samtig schwarzblauen
Nachthimmel«. Und natürlich passt auch sein Lebensmotto zu ihm:

PROBLEME, DIE SICH MIT GELD LÖSEN LASSEN, SIND KEINE! Das sollte Axel
Thorer mal ins Mallorquí übersetzen... sein einheimischer Freundeskreis würde
sich gewiss verdoppeln.

RICHARD BRANSON, schwer- und einfallsreicher Chef der Virgin-Gruppe,
lockt gern Künstler seiner Plattenfirma auf die Insel, aktuelle wie ehemalige. So kreuzten TOM HANKS und STING einmal
zusammen mit BRUCE SPRINGSTEEN lange unerkannt auf See. Erst an Land in DEIÀ, beim Boss vom Boss, sprach sich der
Besuch herum und alle, alle kamen. Treffpunkt: EL OLIVO, das erstklassige Restaurant im Hotel LA RESIDENCIA, natürlich
Branson-Besitz, zu Füßen der etwa 1.200 Meter hohen Bergkette am nördlichen Ortseingang liegend. Es entstand aus zwei
alten Herrenhäusern und einer Ölmühle aus dem 16. Jahrhundert, die restauriert und immer wieder renoviert wurden. Richard
Branson übernahm das Hotel und sorgte für den letzten Schliff, ließ es mit gemütlichen Tonfliesen, schweren Truhen, be-
quemen Möbeln und moderner Kunst ausstatten.

Prominent oder nicht – dort lässt es sich in jedem Fall gut leben! Suiten mit privatem Pool, eine blumenreiche,
großzügige Gartenanlage, bester Schlaf im massiven Himmelbett, wachsende Ausbauideen – insgesamt gehören Branson
mehrere Millionen Quadratmeter Land der Küstengemeinde BANYALBUFAR, die er weiter bebauen will. Bei einem wie ihm, der
wilde Ballonfahrten unternimmt, gefährliche Abenteuer sucht und exzentrische Hobbys pflegt, bei einem wie Richard
Branson ist auch als Hoteleigner alles möglich.

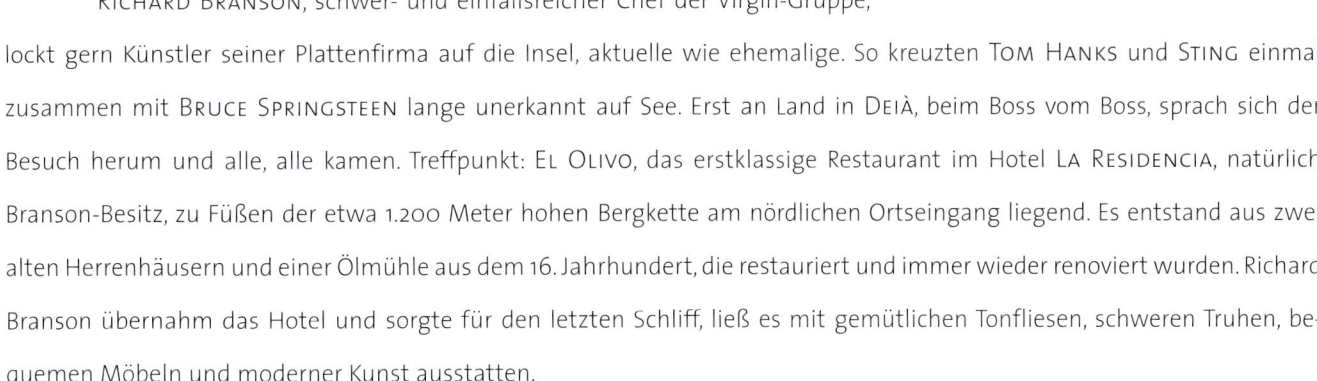

LINKS: Guillermo Mordillo, weltberühmter
Zeichner der Knollennasen, zeigt Alida Gundlach
seine neusten Entwürfe

INGRID VAN BERGEN bewirtschaftet eine Finca in CALVIA im Südwesten Mallorcas, zusammen mit ihrer Freundin, der die »innere Führung« untersteht, während die Schauspielerin mehr die »äußere« übernommen hat. Eine Menge Tiere fanden bei ihnen ein Zuhause, deren Schicksal sonst besiegelt gewesen wäre: Pferde, Hunde, Katzen, Vögel. Ganz in der Nähe gibt es eine staatliche »Auffangstelle«, von der die verzweifelten Tierlaute bis in ihre Räume dringen. Wer soll das aushalten? Selbst, wenn alles überfüllt ist, nimmt Ingrid van Bergen doch noch das eine oder andere heimatlose Lebewesen zu sich. Ein hoher Zeit- und Kostenfaktor für die ungewöhnliche Frau mit den bemerkenswerten Stationen: Kabarettistin, Schauspielerin, Sängerin, Autorin. Ihr Leben scheint eine ständige Gratwanderung mit extremen Höhen und Tiefen zu sein. Viel zu lange überwiegt nur Letzteres. Doch zum Verzweifeln ist Ingrid van Bergen zu komödiantisch. Galgenhumor, ja, den hat sie! Und den braucht sie – selbst auf der heiteren Urlaubsinsel Mallorca.

Der Karikaturist MORDILLO ist am ehesten im Golfclub oder in einem Hafenrestaurant von PORTALS NOUS anzutreffen, wo er manchmal eines seiner berühmten Knollenmännchen auf eine Serviette malt. Tritt er golfmäßig gegen Prinzessin Birgitta an, kann er sie mit einem eigenen Schwierigkeits-Parcours beeindrucken, den ihm der Designer als persönliche Reverenz gewidmet hat. Und auch im Lokal staunen die Gäste, sobald dem Künstler die PIZZA MORDILLO kredenzt wird, deren Rezept von ihm stammt. Stellen Sie sich vor, Sie sitzen ausgeruht und hungrig im IL PORTO am Wasser – wie wär's mit einer Kostprobe dieser knackigen Teigware? Vielleicht erzählt Ihnen der Zeichner sogar, wie es dazu kam, und warum er als herzhaften Aperitif den PALO bevorzugt. Dafür werden die schwarzen Schoten mühsam mit Stangen vom Johannisbrotbaum abgeschlagen und in einer aufwendigen Rezeptur verarbeitet. Schon aus Respekt trinkt Mordillo ihn stets ganz langsam in winzig kleinen Schlucken. Sein festes Ritual, sobald er auf Mallorca weilt!

Wenn RENÉ KOLLO mal die Decke auf den Kopf fällt, muss er aufs Meer. Die Ferien seiner drei Kinder verbringt die Familie häufig in SANTA MARIA, und immer wieder desertiert der Opernsänger auf sein Segelboot, um damit die Küste entlang zu schippern. Vielleicht blinzelt er dabei Sir Peter zu? Sobald sich REINHARD FENDRICH auf der eigenen Finca bei SÓLLER ankündigt, flitzt die Haushälterin los, um für die Familie die Urlaubsrationen in den nahen Geschäften einzukaufen, denn in dem gastfreundlichen Haus sollen auch Freunde gut bewirtet werden. Ganz in der Nähe dieser wohl stimmfördernden

RECHTS: Dieser privater Pool mit Aussicht gehört zu
einer Suite im LA RESIDENCIA – im Besitz von Virgin-Chef
Richard Branson

Gegend hat sich auch HERBERT GRÖNEMEYER niedergelassen. REINHARD MOHN hingegen, Gründer des Bertelsmann-Konzerns, wohnt meist unerkannt und zurückgezogen mit seiner Frau Liz in ALCUDIA. Viele Prominente haben sich auf Mallorca einen zweiten Wohnsitz geschaffen, manche davon sind inzwischen häufiger auf der Insel als in ihrem ersten Zuhause. Im Südwesten wohnen u. a. JÜRGEN VON DER LIPPE, RUDOLF AUGSTEIN, DIETER BOHLEN, DAGMAR BERGHOFF, MAX SCHAUTZER, TANJA SCHUMANN, DIETER WEDEL und HEINO. In ESPORLES residiert DIANE VON FÜRSTENBERG, um POLLENÇA herum erholen sich WOLFGANG PETRY, JOHANNA VON KOCZIAN und RALPH SIEGEL. Die Umgebung von PALMA wählten GERRY WEBER, BERNHARD PAUL und SONJA KIRCHBERGER, um nur einige zu nennen.

Sie alle bummeln über den großen, bunten mallorquinischen Markt, auf dem man manchmal vor dem Kauf die Köstlichkeiten probieren darf, und genießen die südliche Leichtigkeit der Insel. PALMA oder schöne Dörfer sind immer wieder Ausflugsziele. Ingredienzen dieser Urlaubsidylle: Ländliche Ruhe, saftiges Grün, das Summen der Bienen und ein Geruch nach wilden Kräutern, die sich über spezielle Literatur leicht identifizieren lassen. Dicht daneben prickelndes Nachtleben, Remmidemmi, Kultur und Kunst. Die meisten Bewohner wissen, dass Mallorca vom Tourismus lebt und Touristen dazugehören. Ohne sie gäbe es weder die gute Infrastruktur noch die große Auswahl, keine reichlichen Flugangebote und keine niedrigen Preise durch die vielen Anfragen.

Der ehemalige Bundeskanzler Österreichs, BRUNO KREISKY, der Jahrzehnte fest auf der Insel wohnte:
»MIR IST ES SYMPATHISCH, AN EINEM PLATZ ZU LEBEN, DER NICHT EXKLUSIV IST.«

Auf den feineren Hotel-Terrassen am Meer ist es ziemlich wahrscheinlich, dass man in den Sommermonaten Prominente trifft, die entweder dort Quartier bezogen haben oder sich auf ein HELADO mit Freunden treffen. Frische Früchtchen, wohin man schaut! Oft tarnt sie nur die sofort schmelzende Masse. Aber schön ist's! Noch vor den Restaurant-Türen tönt das Trällern der Vögel, dahinter – in den Patios – sammeln sich kleine dicke Spatzen, lärmen in verständlicher Erregung, wo ein wenig gezuckerter Saft vergossen wird, winzige Speisereste zu Boden fallen, die sie sich zankend wegschnappen. Gegen überhohe Limonadengläser klingeln Eiswürfel. »An einen so heißen Juli kann ich mich gar nicht erinnern«, sagt der gebräunte, leicht bekleidete Gast mit einem Schokoladenbart vom Kakao. Draußen Saharasand auf Gehsteigen, Denkmälern und Autos. Hinter den satten, abfahrenden Gästen hebt sich roter Staub wie Rauch und fällt zurück auf die sonnenverdrehten Stämme.

ZU DIESER ZEIT IM SOMMER SIND ALLE AUF MALLORCA, WIRKLICH ALLE! SAGT MAN!

HERBST – Otoño

LINKE SEITE: Es gibt viele Hausrezepte für die Zubereitung
von Essig und Öl, jedes Einzelne natürlich streng geheim

DIE FARBEN WERDEN NEU GEMISCHT

Wann genau der Herbst beginnt, kann auf Mallorca niemand sagen. An der Kleidung sieht man es jedenfalls nicht, denn Einheimische sind darin selbst im Hochsommer deutlich von Touristen zu unterscheiden. Der Badeanzug gehört an den Strand, die Jogginghose zum Sport, ansonsten trägt man mehr oder weniger Geschlossenes. Schon Mitte September wird gegen Abend die leichte Strickjacke herausgeholt, der Leinen-Blazer oder ein breiter Wollschal als Stola... mehr zum Einkuscheln als zum Kälteschutz. Es ist eher ein magischer Moment, der den Herbst ankündigt, etwas Unbewusstes, das plötzlich registriert wird: Ich kann kräftiger durchatmen, die stehende Gluthitze scheint zurückzuweichen, und gleichzeitig fallen uns winzige Veränderungen auf:

Wenn wir – wie jede Nacht – noch einmal auf die Terrasse gehen, müssen wir jetzt die Lampen einschalten, am Flughafen SON SANT JOAN ist ein Parkplatz frei, im Hafenrestaurant gibt es einen Tisch ohne Reservierung, Pilzgerichte stehen auf der Speisekarte, eines Morgens prangen Granatäpfel dunkelrot am Baum, die Verkäuferin im Geschäft fragt tatsächlich nach unseren Wünschen, und auch die Blechkolonnen auf den Straßen scheinen zu schrumpfen. Wobei ja Adolfo meint, »wer behauptet, auf Mallorca gibt es zu viel Verkehr, der kann bloß nicht Auto fahren.«

Irgendwie hat sich das bunte, laute Treiben gelegt, Ruhe kehrt ein, Mallorca wird wieder sanfter. Kalendarische Vorgaben interessieren hier nicht, nur das sensible Gleichgewicht der Natur, in dem der Herbst die Karten neu mischt. Langsam, doch erkennbar.

ÖFFNE DEINE SINNE – AUGE, OHR UND NASE, DANN WIRST DU EINEN SPIEGEL DER JAHRESZEITEN ERKENNEN, DENN MALLORCA HAT SIE. Bauernkalender

LINKS: Alte Zisternen werden heute wieder häufig genutzt,
um das kostbare Wasser zu speichern

Noch wirkt die See schläfrig, präsentiert sich aber dunkler als zuvor. Ein tiefes Tintenblau, das schäumende Brandung, tobende Wellen und schaukelnde Boote ahnen lässt. Dabei ist es bis zum Grund warm wie nie, voller gespeicherter Sonnenwärme, die sich nur langsam aufbraucht. Unter uns zieht ein Segler ruhig seine aufgequirlte Schaumschnur durch das Wasser. Wo endet der Himmel, beginnt das Meer?

Eine andere Weite macht sich breit, wischt den Dunst weg... Ibiza ist so klar zu sehen, als sei es SA DRAGONERA. Die Konturen schärfen sich, während das Himmelblau einen Hauch Grau annimmt. Der GOTA FRIA fällt, der kurze kalte Tropfen, und lodengrüne Baumkronen zeigen sich intensiver, als wir sie in Erinnerung haben. Abendliches Licht fasziniert mit einem Wechsel vom leuchtenden Orange in gedeckteres Gelb. Früher als sonst schauen wir zu, wie die Sonne den Rand der Erde berührt. Der warme, schwülstige Geruch des Sommers, der uns mit seinen Blütendüften halb betäubt hat, macht dem würzigen des Herbstes Platz, dösige Trägheit der letzten Wochen verwandelt sich in friedvolle Lust auf Undefinierbares. Verwundert nehmen wir zur Kenntnis, dass die lange, heiße Trockenphase trotzdem so etwas wie eine freundliche Übergabe schafft: bunt Blühendes in den Gärten, eine Smaragd-Palette in den Wäldern, Kornblumenblaues am Feldrand, Kräuter und Büsche voller Aroma. – Eine Zeit für poetische Bilder und nüchterne Gedanken.

Die Insel braucht Wasser. Es hat lange nicht geregnet, die Stauseen sind leer – ein altes Problem, das Jahr für Jahr wie eine Überraschung auftaucht und als Niederschlag lediglich Zeitungen und Wirtshäuser füllt. In Salzwasser-Regionen lernt man, wie man Regen festhält. Anfangs waren es die Mauren, die als Wüstenmenschen den Wert des Wassers kannten wie kaum jemand sonst. Also versorgten sie Mallorca damit und zeigten den Eroberten, wie man es speichert. Unter ihnen gab es Künstler, die variantenreich lehrten, wie man Wasser in Fontänen spiralförmig nach oben spritzen oder leise plätschernd durch Gestein rieseln lässt. Darin waren die Mauren Meister! Bis heute findet man an fast allen Häusern Zisternen beziehungsweise ALJUBETS, die jeden Tropfen gierig aufsaugen. Ein erster heftiger Schauer nach langer Dürre wird wie ein Fest gefeiert.

RECHTS: Gewitterstimmung an der Südwestküste. Man ahnt,
gleich wird sich ein grollendes Feuerwerk entladen

Bauern, Hirten, Gärtner tanzen – übermütig vor Freude – unter dem feuchten Spaghetti-Vorhang herum wie Derwische. Selbst Zugereiste begrüßen auf ihren Grundstücken glücklich das wichtige Himmelsmanna, über das sie in heimatlichen Gefilden nur resigniert schimpfen können.

Tagsüber hat sich noch das metallene Gleißen des Sonnenscheins mit dem Glänzen eines Geckos vereint, als nachmittags plötzlich die Wolken zunehmen. Gleich liegt uns die spürbare Elektrizität der unvergleichlichen balearischen Herbstgewitter im Blut – sehnsüchtig erwarten wir den Regen. Als es losgeht, empfinden wir das drohende Grollen wie eine Befreiung von Hitze und Lähmung, ein letztes donnerndes Entladen vor der Stille des Winters. Und aufgewühlt lauschen wir nach dem reinigenden Gewitterguss einer gewaltigen Dankeshymne von Vögeln und Insekten, die aus Bäumen und Niederungen emporsteigt, jubilierend dem Himmel entgegen.

GROSSER ARM DER NACHT, DUNKEL MIT GESCHMEID AUS WASSER. AUF KRISTALL VON BLAU TANZTE AM FLUSS MEINE SEELE. UND DIE SEKUNDEN ZERRANNEN VERWUNDET VOM ZEIGER DER UHR. Federico Garcia Lorca

Ab Oktober nehmen die Stürme zu, diese gefürchteten vier Spieler der Windharfen, die aus ihren vorbestimmten Richtungen wild über uns hinwegstreichen, nichts verschonend, das vorher nicht festgezurrt wurde. Blitzen und Brausen lösen einander ab, zeichnen blutrote Streifen ins Firmament. Man kann sich nicht satt sehen. Meistens kehrt am Tag danach der Sommer zurück, als sei nichts gewesen und wir nur einer Fata Morgana aufgesessen. Eine kosende Sonne scheint durch getränkte, resedagrüne Blätter und macht die Promenade zu einem gescheckten, heißen Weg.

Man möchte hinaus in die Natur, kraftstrotzend Wanderwege erklimmen, um sich anschließend mit einem ungesunden Gelage unter freiem Himmel zu belohnen. Oder sollte man vielleicht gerade heute altertümliche Sensationen wie Höhlen und Grotten erforschen, etwas für die Bildung tun, Kultur tanken? Die Rucksacktour mit Picknick und Einkaufsbummel gewinnt. Zuverlässig kommt Urlaubsstimmung auf!

RECHTE SEITE: Der atemberaubende Blick bietet sich unterwegs von SÓLLER nach BANYALBUFAR

Rosita, die andalusische Mallorquinerin, führt die Truppe an. Dicht hinter mir Dorte und Per aus Dänemark, denen brav Elisabeth und Wolfgang aus Winterhude folgen. Von LLUCMAJOR geht's in Richtung Süden, rechts durch Macchiagebiet zum weithin sichtbaren Leuchtturm CAP BLANC, die Steilküste fast vor uns. Ganz in der Nähe eine der schönsten Buchten, die CALA PI, mit ihrer sensationellen Aussicht. Weit breitet Rosita ihre Arme aus – »seht her« –, als sei sie die Schöpferin dieser Wunder. Schräge, lange Sonnenstrahlen lassen die Flanken des Felsens aufleuchten, streichen mit gelben Fingern über das Gestein, während dazwischen bereits der Schatten hindurchrinnt, unaufhaltsam wie Wasser zum Brunnen.

Elisabeth legt die mitgebrachte Decke nieder, glättet sie, als schmücke sie einen Altar. Wir glucksen vor Wonne, fühlen uns auf ewig belastbar und öffnen das Gepäck: Ananas und Garnelen, Brot, Butter, Wein und Wasser. Luxus pur! Später halten wir noch einige Male an. Direkt vor unseren Augen spielt das Licht auf dem Meer, reflektiert von der Handvoll Glimmer im Pflaster, das die Landschaft zu Strahlen und Staub bleicht. Nicht mehr lange! Ein Seufzen zieht durch die Platane am Weges-rand, Wolken wälzen sich gemächlich über uns, der Wind nimmt zu.

Ein weiterer Höhepunkt bei der winzigen Kapelle. So vorsichtig, als könnten wir sie zerstören, setzen wir uns im Garten auf die wacklige, hölzerne Bank, geschnitzt wie vor hundert Jahren, kantig und rau. Sie ähnelt der in meinem Garten, auf der ich mich so gern ausruhe und ihrem Ächzen lausche, wenn die großen alten Räder tiefer sinken, die sie statt dicker Bal-ken tragen müssen. Wir spüren den Frieden des Gotteshauses.

Die wiedergewonnene Energie will ausgelebt werden. Wie lange haben wir Einkaufsbummel entbehrt, für die es viel zu heiß und voll war? Wie lange war unser Aktionsradius auf klimatisierte Räume oder kühlende Gewässer begrenzt? Die herbstlich erfrischten Farben der Natur machen Lust auf Ähnliches im Haus und Garten. Menschen waren schon immer Jäger und Sammler, Jagen eine ihnen entsprechende Lebensform. Heute gibt es für die, deren Jagdinstinkt nach wie vor Beute for-dert, nicht mehr viel zu erlegen, also bläst das Horn zur Schnäppchen-Jagd. Gerade im Urlaub schleppt man stolz seine Trophäen heim, das Designer-Stück zum halben Preis, die Stoffe mit Ikatmuster, nach denen man schon so lange suchte, der riesige Tontopf, momentan besonders günstig. Ein laufintensiver Mammut-Einsatz.

Gern angesteuertes Ziel ist INCA. Zugegebenermaßen könnten objektive Reisende INCA für trist und staubig halten. Aber die Stadt existiert ja nicht nur als statische Momentaufnahme eines kritischen Fotografen. Sieht man vom tatsächlichen Straßenbild einmal ab, überwiegt in engen Seitengassen auch hier das Anheimelnde: Anilinrote Fassaden mit grünen

LINKS: Ein Blick in den Garten mit seiner einladenden
Sitzgruppe – von einem Inneneinrichter geschmackvoll
gestaltet

Fensterläden, Sandstein-ENTRADAS mit verschnörkelt geschmiedeten Balkongittern, der Duft von CORTADO oder CAFÉ CON LECHE, von ENSAIMADAS und anderem frischem Backwerk aus den PANADERIAS rings um den großen Platz; selbst die Autoabgase, die manchmal über die draußen sitzenden Gäste der Bars wehen, bringen eine »andere, weite Welt« näher und stören kaum jemanden. Vor dem Geschäft stehen zwei alte Frauen in langärmeligen, bunten Kittelschürzen neben einem zahnlosen Mann mit Schirmmütze, der sich steif auf seinen Stock stützt und ungebremst auf sie einredet.

Für einen Bummel durch die drittgrößte Stadt Mallorcas, ihre Schuhmanufakturen und Lederfabriken bleibt unserer kleinen Gruppe wenig Zeit… eine kurze Edeljacke aus weichem Nappa und ein Paar ESPADRILLAS werden von Elisabeth trotzdem erstanden. Danach soll's weitergehen an die Küste, um die ständig wechselnden Ausblicke aufs Meer zu genießen. Ein letztes Mal schaut man über den Platz mit seinen Palmen, den Zeitung lesenden Mann im MIMBRE-Sessel, der hier im Ort geflochten wurde, und den kleinen Jungen auf der Schaukel.

Kraftlos kriecht das Auto in Richtung Südwesten. Angenehm weht der stets gegenwärtige Wind durchs Fenster, ruft Bilder alter amerikanischer Filme wach, in denen schöne Frauen mit großen Sonnenbrillen und wehenden Schals in ähnlicher Landschaft Cabrio fahren. Vergnügliche Plänkeleien zwischen den Insassen. Und dann ist da der Wunsch nach Wasser – zum Trinken, zum Fühlen, zum Hören! Nichts geht an so einem Tag über die Vorstellung des speziellen Glitzerns, des Geräusches, wenn sanfte Wellen am Strand mit einem »Plitsch« auslaufen, schnell ein Fuß hineingetaucht wird, und man hinterher völlig entspannt mit einem AGUA SIN GAS im Sand hockt. Dieses irdische Paradies MUSS von himmlischen Musen geküsst worden sein, die verschwenderisch Blüten und Blätter ausstreuten und auf überwältigende Formen von Meeresbuchten und Felsgebilden achteten.

Auf dem Rückweg, fast am Ende der Tour, lockt der Laden mit den dekorativen Gartenmöbeln. Dorte meint, ihre alten Dinger auf der Terrasse schreien nach Ersatz, nun ja, wenigstens sollten sie ergänzt werden. Trotz des langen Gesichts von Per werden ein Tisch und vier Armlehnstühle erworben – so machen Herbst und Winter wieder Spaß. Siesta im Grünen! Patinier-

RECHTS: Unter der Steintreppe schützt ein Moskitonetz
die bequeme Sitzbank

tes Eisen, weiche Stoffe auf bequemen Polstern, poetische Insel für Träumer.
Gut geschützt unter klobigen Balken und alten Tonfliesen wird dem neuen
Mobiliar auch ein Guss nicht schaden. Die Geschäftsinhaber bitten uns in ihr
Privathaus, »um die innenarchitektonischen Möglichkeiten zu verdeutlichen«. Wir betreten ein quadratisches Zimmer mit
tiefen Fenstern, aus denen man auf den grünen Garten und das offene Tal rechts dahinter blickt. Die späte Nachmittags-
sonne, die in den Raum fällt, verleiht ihm ein fast theatralisches Licht, ideal für schöne Feste. Die Einrichtung im Freien unterliegt keiner besonderen Mode... eine leger wirkende Wahl unterschiedlicher Stühle an einem gemütlich aussehenden
Tisch. Überall stehen wie zufällig ein paar Beistellmöbel aus Eisen herum. Unter der Steintreppe mit dem schlichten Geländer
beschützt ein Moskitonetz die Bank mit der unauffällig gestreiften Matratze und den vielen Kissen; Holzdielen als Fußboden.

»Typisch spanisch«, sagt Dorte bewundernd, »das alles muss man erst einmal finden.« »Von wegen«, lächeln die
Einrichter, »das ist von Domicil am Bodensee.« Rosita erklärt, einheimische Möbel hätten auch ihren Reiz, Per schwärmt vom
dänischen Holz, alle reden durcheinander. »So kann man sich irren« murmelt Wolfgang und kauft zwei filigrane Eisenstühle
aus der Gruppe von draußen.

EIN SÜSSER WAHN, SCHWANKEND ZWISCHEN SEIN UND WERDEN, UNSCHEINBARE RAUPE WIRD ZU FARBEN
DES SCHMETTERLINGS, DES KÄFERS, GÖTTLICH IST DIE MASERUNG VON BLATT UND RINDE. Alter mallorquinischer Wandspruch

Der Herbst erlaubt sich weiche Übergänge. Sicher, er wütet auch mit Stürmen, Güssen und Gewittern, aber die
Sonnentage sind bezaubernd, die Grüntöne intensiver denn je, das Laub wird üppiger – die Natur holt nach dem Sommer wie-
der Luft. Wie wir Menschen auch. Manche nordeuropäische Familie auf Mallorca zieht jetzt dunklere Stoffe aus Schubladen
hervor, poliert die Antiquitäten aus Mahagoni, Nussbaum und Eiche und stellt die leichteren Möbel zusammen mit den
Gartenpolstern in den Keller. Als ob der erschöpfte Geschmack es nötig hat, in die Vergangenheit zu tauchen, um für die
Zukunft Kraft zu sammeln. Die jüngeren Hausbewohner wollen klare Linien, und wenn schon Spielerisches, dann für den
Computer. Doch warum soll man sich nicht für Altes und Neues gleichermaßen begeistern?

Auf den Balearen kommen viele Wohnstile, viele internationale Einflüsse zusammen. Verständnis zu haben für den Wert der Vergangenheit, ihn zu respektieren und in die Neuzeit zu transportieren, um ihn mit der Moderne zu verknüpfen – das wäre ideal. Wie angenehm könnte das Leben im Allgemeinen sein, setzte man an die Stelle fortwährender Anstrengung um Anerkennung lieber lässige Fröhlichkeit. Villa Kunterbunt statt Palazzo Protzo. Von Dingen umgeben zu sein, die man mag, mit denen man sich wohl fühlt, ist ein Teil unserer Lebensqualität. Gerade in mediterranen Ländern. Wohnen ist darum in erster Linie eine Frage der Individualität, der Harmonie, der eigenen Geschichte – und keine des fatalen Zeitgeistes.

»OKTROYIERTER GESCHMACK MACHT STEIF«. Pablo Picasso

Nach Wanderung, Picknick, Küstenfahrt und Ladenbummel nun der Abschluss des Tages: Ein erstklassiges galizisches Essen im rustikalen Ambiente des MARCELINO EL GALLEGO, das am kommenden Tag gleich bei Dorte zu Hause nachgekocht wird. Eine spontane Einladung an Nachbarn und Urlaubsfreunde, um die neuen Möbel im Freien einzuweihen. Die würzige Olivenöl-Kräuterkost der Mittelmeerregion verführt zu prächtigem Schmuck, macht Lust auf Gestaltung. Berauschend duftende lachsfarbene Rosensträuße, Schalen voller Zitrusfrüchte, Bougainvillea-Kränze um die Teller, dicke Kerzen in eisernen Leuchtern. Gastlichkeit und Farbenpracht gehören hier zusammen.

Das Motto des Abends: Samtpfote! Während die Menschen langsam eintrudeln, haben sich erst einmal die Katzen Logenplätze gesucht, als wüssten sie um ihre Wichtigkeit. Hier erwarten die Imperatoren den Service ihrer Dienstmagd, der Hausherrin! Aus den Lautsprechern tönt Rossinis Katzen-Duett, miaut von Montserrat Caballé und ihrer Tochter. Ob es den Haustigern gefällt, bleibt unergründlich wie sie selbst. Streichelnde Hände werden angefaucht, geschmust nur nach Belieben. Ovid, kluger GATO, schaut pharaonengleich über die Runde hinweg, die ihm in ihrer aufgedrehten Stimmung so rätselhaft erscheint wie er ihr. Das Katerfrühstück am nächsten Morgen nehmen alle gemeinsam ein. Mensch und Tier ohne Katzenjammer. Langsam geht die Sonne auf. Geckos halten Ausschau nach einem Winterquartier, Ameisen bringen ihre Brut in Sicherheit, und irgendwo hat eine wilde Katze mitbekommen, dass es hier etwas zu fressen gibt. Mürrisch knurren die Hunde den Eindringling davon. Klar und rein ist die Luft, Obstbäume zerstäuben ihr Aroma, weit gleitet der Blick über die flachen rötlichen Erdklumpen und die gischtigen Wogen in der Ferne.

DER HERBST AUF MALLORCA IST WUNDERSCHÖN!

LINKE SEITE: Wie in uralten Zeiten wird die Paella bis
heute traditionell im Steinofen zubereitet

RECHTS: Sabine Christiansen mit Toni, einem Freund
der Familie, bei der Orangenernte

SABINE CHRISTIANSEN
BEI ZÜNFTIGER PAELLA

Unser verabredeter Treffpunkt ist ein Parkplatz vor INCA, um von dort aus gemeinsam die versteckte, einfache Finca bei SELVA anzusteuern. Sabine Christiansen und ihr Mann, der Produzent Theo Baltz, lieben zwar das Schlichte, aber nicht in puncto leibliches Wohl. Bei ihren mallorquinischen Freunden soll es immer wieder samstags im September die beste PAELLA der Insel geben. Das Wort »Freunde« fällt häufig. Bleiben intensive Beziehungen durch die viele Arbeit nicht oft auf der Strecke? Nein, gewiss nicht: »DIE QUALITÄT DES VERHÄLTNISSES WIRD BEI UNS NICHT IN DER QUANTITÄT DER ZEIT GEMESSEN,« sagt die Fernsehmoderatorin.

Die Finca erweist sich als schmucklos, eher ein großzügiger APERO, eine feinere Schäferhütte, als ein komfortables Wohnhaus. Die Gastgeber erwarten uns überschwänglich mit einem Glas Wein, dem sie sicher aus Vorfreude schon während der Essensvorbereitung zugesprochen haben. Bei der heute noch sommerlichen Wärme ist lässige Kleidung angesagt. Es stellt sich heraus, dass der Mallorquiner MAESTRO DE OBRA, Polier des Neubaus ist, den das Ehepaar Baltz sich in PUERTO ANDRAITX errichten ließ. Die Verständigung zwischen ihnen ist ein Gemisch aus gebrochenem Deutsch und ebensolchem Spanisch. Was an Worten fehlt, wird mit Gesten, Interesse und Heiterkeit ausgeglichen. Die Stimmung ist bestens, man schwelgt in Genüssen. Im rustikalen Steinofen hinter dem Haus brutzelt eine Magnum-PAELLA, die zischend ihre Ränder gegen die Innenwände wälzt, dicke Schwaden ausstoßend, die die Schweißperlen aller Anwesenden noch rascher fließen lassen. Der dunkle Wohnraum mit seiner niedrigen Decke soll Hitze fernhalten, tut es aber nicht. Darin ist ein mächtiger Holztisch gedeckt, Schalen mit Oliven, Salaten und Obst stehen bereit, dekorativ liegt PAN MORENO daneben, und als Konzession an die Gäste auch weißes Stangenbrot. Während der üppigen Mahlzeit führt das Sprachproblem zu lustigen Missverständnissen, die ich still begrüße, denn die deftigen Witze, speziell der Mallorquinerinnen, sind alles andere als stubenrein.

RECHTS: Gezieltes Rotweintrinken –
eine Kunst für sich

Hätte Sabine Christiansen die Pointen verstanden, wäre sie dann empört oder eher belustigt? Ich werde es herausfinden. Die Baseballkappe von Theo Baltz verrutscht ein wenig, als er das Rotweintrinken zuerst aus dem PARRO, dem Ziegenfellbeutel, danach aus der typischen Glaskaraffe probt und dabei eher duscht als trinkt. Gut, dass er sein T-Shirt bereits ahnungsvoll in der passenden Farbe gewählt hat. Lachend tröstet er sich mit einer Zigarre, an der er genüsslich nuckelt. Damit kennt er sich aus. Gleich schließt sich die Männerrunde an, während sich die Damen die Füße vertreten. Pralle Orangen werden hier direkt vom Baum gepflückt, sobald man sich stolpernd und schubsend einen Weg durch die bunte Hühnerschar gebahnt hat, mit ihnen um die Wette gackernd.

Das Ehepaar Baltz ist gern mit Einheimischen zusammen und empfindet es nicht als Nachteil, wenn sich daraus nützliche Verbindungen ergeben. Immerhin wurde Mallorca zum zweiten geschäftlichen Standbein, ein gelungener Spagat Berlin – PALMA, durch den hier nun die eigene Produktionsfirma existiert. Kontakte sind dabei nicht nur hilfreich, sondern notwendig. Da war der Aufbau der Zweitwohnung schon problematischer, weil ständige Hindernisse den Einzug erschwerten. Umso glücklicher genießen beide heute ihr Traumhaus. Sabine Christiansen, als ehemalige Stewardess sowieso Weltbürgerin, wählte Mallorca nicht zuletzt wegen der guten Flugverbindung. Ruckzuck aufs Eiland und ebenso schnell wieder zurück ins Business! Wenn sie vom Flughafen PALMA in Richtung Südwesten fahren, bis sich die schmale Straße hinter CAMP DE MAR hinaufschlängelt und den Blick aufs Meer freigibt, fällt der Arbeitsalltag von ihnen ab wie müde Haut. Auf der Insel wird alles heiterer, leichter, sinnlicher – selbst neue Aufgaben. Es bleibt ihnen immer Zeit, um mit einem DRINK auf ihrer Terrasse zu sitzen, wunderschön bei PUERTO ANDRAITX gelegen, und über den großen Pool hinaus aufs Meer zu schauen. Sie schätzen die Atmosphäre ihres Wohnzimmers mit dem gemütlichen Kamin und den erdigen Farben. Beide mögen Naturfasern... kühlendes Leinen, schimmernde Seide, kuschlige Wolle.

»KUNST INTERESSIERT UNS NUR, WENN ES EINE SPEZIELLE BEZIEHUNG DAZU GIBT.«

Im Gespräch hält die Moderatorin Augenkontakt, bleibt intensiv im Gesicht des Gegenübers. Das ist sicher für manche gewöhnungsbedürftig, im Mediengeschäft aber gar nicht so selten. Bei allem, was sie sich anhören muss, schaut sie besser genau auf die Mimik. Sabine Christiansen ist eine intensive, standfeste Frau mit eigenen Vorstellungen, die druckreif spricht und ohne Lampenfieber arbeitet; öffentliche Meinung ist ihr, so sagt sie, egal.

RECHTS: Theo Baltz im Gespräch mit seiner
Frau Sabine Christiansen

»DER KLEINE ELEFANT IN MIR MARSCHIERT UNBEIRRT DURCHS DICKICHT, EGAL, WAS
RECHTS ODER LINKS PASSIERT!«

Mit dieser Metapher hat sie sich einmal selbst charakterisiert. Ein hübsches Bild. Wer sie privat und vielleicht ohne Wissen um ihre Karriere kennen lernt, würde ihr dieses enorme Durchsetzungsvermögen nicht sofort zutrauen. Entspannt und ungeschminkt sitzt sie neben ihrem Theo, fast zierlich, voller Lebenslust, erdig, unkompliziert. »Blond und kühl« ist jetzt allenfalls das Bier, das sie mit kräftigem Zug trinkt. Vieles, was zu Hause in Deutschland zeitweise den Alltag erschwert, schwebt auf Mallorca auf und davon... Wolken, die vorüberziehen.

Was musste sie an Klatsch und Tratsch über sich ergehen lassen, als die erfolgsverwöhnte »Miss Tagesthemen« zur eigenen sonntäglichen Talkrunde wechselte, nachdem man sie bereits zehn Jahre zuvor zum Dienstantritt neben Hajo Friedrichs als »unscheinbar« und »eisig« bezeichnet hatte. Und wieder schien anfangs die herbe Kritik den Lästerzungen Recht zu geben. Die Tatsache, dass der Gatte als Produzent fungierte, bot reichlich Angriffsfläche, und auch die Honorargerüchte wirkten nicht gerade mildernd. Gut, dass Elefanten zur Gattung der Dickhäuter gehören. War ihr die Häme wirklich so gleichgültig, als sie selbst nach ersten Erfolgen noch lesen musste: »Christiansen, das ist Mutter Beimer – kein großes Licht, aber Quote und ein Herz für alle«, wie ein Kritiker schrieb? Genau genommen könnte man sich davon durchaus geschmeichelt fühlen. Jedenfalls trug sie die Attacken mit Gelassenheit und blieb bei ihrem Vorsatz:
»FAIRNESS IST DIE BESTE WAFFE. ICH WILL MICH WEDER AUF KOSTEN MEINER GÄSTE PROFILIEREN, NOCH SIE EXEKUTIEREN.«
Sie sei stets offen für konstruktive Verbesserungsvorschläge, da sie als typische Vertreterin ihres Sternzeichens Jungfrau ohnehin zu übertriebener Selbstkritik neige.

Als Ehemann stärkte Theo Baltz seiner Frau den Rücken, machte ihr Mut während der mühsamen Startphase. Als Produzent musste er in jenen Tagen mit seinem Team wahre organisatorische Meisterleistungen erbringen: »Trotzdem hatte ich nie Angst vor einem Flop, ich habe fest an den Erfolg geglaubt«. Ein Vabanquespiel – denn wäre die Sendung nach den ersten Folgen abgesetzt worden, hätte es schon mehr als des guten Glaubens bedurft. Zwar wurde die Geduld aller heftig strapaziert, doch dank gesundem Selbstvertrauen und der Begabung zum sachlichen Umgang mit Kritik ging es bald aufwärts. Die Rezeptur von Theo Baltz: Das Prinzip Hoffnung in Verbindung mit dem Faktor Zeit!

LINKS: Trocken gemauerte Natursteine, die
so genannten BANCALES. Eine komplizierte Kunst,
die heute wieder gelehrt wird. Auch Tonis Finca
ist davon umgeben

Und genau das erwies sich als richtig. Mittlerweile sind Sendung wie Protagonistin im ganzen Land anerkannt, und sowohl Sabine Christiansen als auch Theo Baltz sehen die gemeinsame Arbeit als hart, aber lehrreich an. Mit den Politskandalen kamen die Zuschauer. Heute sind es mehrere Millionen, die wissen wollen, wer etwas Wichtiges zum Thema des Tages zu sagen hat. Menschenkenntnis, Allgemeinwissen, Fingerspitzengefühl, Intuition – das Handwerkszeug jedes seriösen Talkmasters. Sabine Christiansen meint, die frühere Praxis als Stewardess habe ihr geholfen, Menschen einzuschätzen, und bei ihr selbst die Fähigkeit verstärkt, sich in Stresssituationen zu bewähren. Theo Baltz konnte währenddessen seine Sporen im Bereich Dokumentation verdienen, außerdem war er lange Jahre Produzent der Sendung »talktäglich«. Mit zunehmenden Aufgaben wurde Arbeitsteilung zwischen ihnen fest vereinbart, weil sie Privates und Geschäftliches gut voneinander trennen wollten.

Man spürt, dass sie sich mögen, sie sind sanft und heiter im Umgang miteinander, zwei sinnenfrohe Menschen, viel vibrierender als der kühle Ruf, vielleicht aus ähnlichem Holz geschnitzt. Mir selbst erscheint die Kollegin noch weicher, noch natürlicher, noch umgänglicher, seit sie Mona hat. Das kann Einbildung sein, obwohl... früher kam es gelegentlich vor, dass die freundliche Fernsehfrau genervt die Stirn runzelte, wenn ein indiskreter Reporter sein Gespräch hochsensibel mit der Frage begann, wann sie denn ein Kind wolle. Ätzend! Heute antwortet sie lächelnd, sie habe ja eines, das man übrigens sofort und ohne Umweg ins Herz schließen kann: Mischlingshündin Mona aus einem Hamburger Tierheim, die sie fast immer begleitet. Eigentlich treten sie meistens zu Dritt auf. Mallorca – auch ein Stück Glück für Urlauber auf vier Beinen. Ja, und wenn sie nun – Arbeit oder nicht – fröhlich über den Hang hinweg in die unendliche Weite des blitzblauen Meeres schauen, dann ist das nächste politische Thema, sind die Hahnenkämpfe und Standardsätze so weit entfernt wie der Mond, der sich langsam über den Horizont nach oben kugelt. Vor Lachen vielleicht.

ÜBRIGENS: DIE DEFTIGEN POINTEN HÄTTEN SIE WOHL GEDÄMPFT BELUSTIGT!

RECHTS: Endlich fertig! Zur Riesen-Paella
passt mallorquinischer Wein hervorragend

Paella-Rezept für 4–6 Personen, zubereitet in circa 90–100 Minuten

800 g Meeresfrüchte (vorwiegend Miesmuscheln, Krabben, Gambas)
500 g knochenloses Hühnerfleisch vom Schenkel oder der Brust
300 g rote Paprikaschote
150 g Erbsen
300 g Rundkorn-Reis
1 l Hühnerbrühe + 80 ml Olivenöl
3 Knoblauchzehen + 4 Petersilien-Stiele + 1 Zwiebel + 1 Zitrone
ein paar Safranfäden oder alternativ Gelbwurz, Salz und Pfeffer

1 Alle Meeresfrüchte waschen, trockentupfen und geöffnete Muscheln zur Seite legen. Die restlichen Muscheln mit etwas Wasser zugedeckt dünsten, bis alle Schalen geöffnet sind. Geschlossene Muscheln entfernen. Einige mit Schale zum Dekorieren behalten, alle restlichen aus der Schale lösen.

2 Geflügel, Paprikaschote und Petersilie ebenfalls waschen und trockentupfen. Hühnerfleisch und Petersilie kleinschneiden, von der Paprika Kerne und Trennwände entfernen, den Rest würfeln.

3 Den Knoblauch ungeschält zerdrücken, die Zwiebel abziehen, teilen und in Streifen schneiden. Die Hälfte des Olivenöls in einer Paella-Pfanne, der Paellera, erhitzen und auf der Höchststufe das Hühnerfleisch von allen Seiten anbraten, herausnehmen, und im restlichen Öl zuerst die Gambas, dann die Muscheln kurz anbraten und rausnehmen.

4 Im selben Öl Paprika, Zwiebel, Petersilie und Knoblauch andünsten, den Reis dazutun und etwas mitrösten. Nun die Hühnerbrühe dazugießen, danach Safran, Erbsen und Fleisch einrühren.

5 Mit Gewürzen abschmecken und bei mittlerer Hitze etwa 20 Minuten garen. Dabei immer mal umrühren, bis der Reis weich, aber trotzdem bissfest ist. Als Letztes, kurz vor Gar-Ende, die Krabben und Muscheln hinzufügen, die Gambas auf die Paella legen, mitdünsten und einmal wenden. Mit der geviertelten Zitrone und den aufbewahrten Muscheln servieren.

Bon Profit!

LINKE SEITE: Kurze Erholungspause am Meer –
für Bike und Biker gleichermaßen

EROBERUNG DER SERPENTINEN: BIKEN

R udolf Scharping tut es, Prinzessin Elena tut es, Michael Schanze tut es und Millionen anderer auch: Biken. Um einigermaßen präzise zu sein, jedes Jahr fallen etwa neunzigtausend Eisenwaden über Mallorca her wie ein Moskitoschwarm. Die größte Zuwachsrate der letzten Jahre wurde hier sicher im Radsport erreicht. Es begann ganz harmlos damit, dass sich immer mehr Urlauber vor Ort ein Fahrrad mieteten und private Radtouren unternahmen, auf denen sie die Insel erkundeten. Ohne gute Bremsen lernten manche die Natur dabei so hautnah kennen, wie sie es nie beabsichtigt hatten. Die Geschwindigkeit bergab, der Rutsch über Felsen und stachlige Pinienzweige, nur wenig gemildert durch den traumhaften Blick aufs Meer – Tortur statt TOUR DE LA ISLA. Bandagierte Körperteile waren selbst daheim noch ein Ärgernis, weil sie die sommerliche Bräune unangenehm auffallend unterbrachen. Die gewonnene Erkenntnis: Nicht nur die eigene Kondition, auch die Natur stört mit Hindernissen! Eine Art Riedgras, CÁRRITX, bedeckt ganze Berghänge, an denen man sich gehörig schneiden kann, wenn man ohne Handschuhe hineingreift. Wer dort lässig absteigt, kann tief stürzen, weil sich durch die dichten Büschel weder Steine noch anderer Halt erkennen lassen. Bald halfen »organisierende Vereine« nach, mit passender Radlerkleidung, ausgearbeiteten Routen, Rastplätzen und Rahmenbedingungen.

»EIN FAHRRAD BEDEUTET FREIHEIT, MAN KANN ALLEM DAVONSTRAMPELN.« Tour de France Gewinner Lance Armstrong

Spanier sind schon lange echte Fans, spätestens nach den internationalen Meriten ihres Champions Miguel Induráin. Seitdem radeln auch Mallorquiner fast aller Altersklassen quer durch Berg und Tal. Offizielle Radrennen sind Straßenfeger, rangieren hierzulande gleich neben Fußball. Diejenigen, die an solchen Tagen arbeiten müssen, pressen sich Radios ans Ohr und reagieren höchst unwirsch, falls man sie belästigt, während gerade eine Anhöhe genommen wird. Fragt man verständnisvoll

LINKS: Esel gibt es nur noch sehr wenige auf Mallorca,
Drahtesel dagegen immer mehr

»Fußball?«, erntet man überheblich hochgezogene Brauen und ein gezischtes »NO ME DIGAS – CICLISTA.« Ja, so ist das!

Die Lust auf Sattel und Pedale grassiert hier überall. Radler in ihrem strammen Dress, meist gelb und schwarz ein wenig an die Biene Maja erinnernd, kämpfen sich in dynamischen Gruppen über immense Steigungen, nehmen Kurven kühn in engen Winkeln, begegnen Autofahrern wie Fußgängern auf Dorfpfaden, Strandpisten, Schnellstraßen und im Gebirge. Irritiert schauen die wenigen noch arbeitenden Esel auf die Drahtgestelle gleichen Namens, wenn sie auf Feldwegen raupenartig vorbeipreschen.

Immer die Bergziegen als Vorbild! In Gegenden ohne Zeugen deuten leere Flaschen mit »isotonischen« Etiketten auf den gestillten Durst hin. Dabei trifft man Biker selten allein, meistens erscheint eine Art Tausenfüßler: der Champion vorweg, ein heftig strampelndes Mittelfeld, der Tapferste bildet die Nachhut, das Hinterteil bereits wackelnd gelüpft. Serpentinen sind der absolute Härtetest. Längst will der Körper nicht mehr, die Etappe SA CALOBRA kann dir gestohlen bleiben, vor allem, weil der Sattel ein bohrender Teil von dir wird, das Pedal zum Felsen, den man Tritt für Tritt zermalmen möchte. Mal anziehen, dann lockerlassen, anziehen, lockerlassen, ein Wechselspiel, das als Übung für alles im Leben gut ist – also motivierst du dich mental damit. Aber hinter jeder Biegung meldet sich der innere Schweinehund und muss niedergetrampelt werden. Wieder und wieder, bis der Stolz den Schmerz besiegt, die Erleichterung, es geschafft zu haben, wie ein Elixier durch deine Adern pumpt, und nach dem dritten Schluck auch das schalste Wasser den Geschmack von Champagner annimmt.

»Ich habe gewonnen, ich bin ein Sieger! Vor allem über mich selbst«. Und ganz nebenbei hat die Tor-Tour dich vom hohen Ross heruntergeholt.

Für die Deutschen auf Mallorca haben Jan Ullrich und Erik Zabel mit ihrem Inseltraining die gute alte Radtour, sogar den Radsport, wieder richtig attraktiv gemacht. Nur jetzt mit Mountain-Bikes und Spezial-Velos. Geübte Sprinter erklimmen im Herbst SA CALOBRA, RANDA und ESTELLENC, Amateure wie Lebenskünstler suchen sich gemütlichere Bahnen, die Strand-Straßen von POLLENÇA, ALCUDIA und PALMA, oder machen eine Landpartie durch ALARÓ, MONTUIRI und CAPDELLA. Hoteliers lieben die Entwicklung: 15–20.000 Pedalritter allein während der herbstlichen Nebensaison, in der sonst die Zimmer leer standen.

RECHTS: Ganz nebenbei entdecken Radler
auf ihren Touren das bezaubernde Inselinnere

Ganz locker geht's zu beim »Volksradtag«, einer Massenradelei, die mancherorts der Dorfsportler oder aktive Knei-
penwirt organisiert und damit tausend und mehr Menschen in die Sättel bringt. Ein lustig schwatzender Haufen, der den
sportlichen Aspekt des Ganzen billigend in Kauf nimmt, in erster Linie aber wegen »Geselligkeit, Essen und Trinken« mit-
mischt, wobei etwas Bewegung nicht schaden kann. Von acht bis achtzig hat hier jeder seinen Spaß und lernt nebenbei sogar
noch seine Urlaubsinsel besser kennen. Als weitere Variante soll der einsame Einzelkämpfer, der wütend jeden Tritt zählt, nicht
vergessen werden. Niemand weiß es besser als die Profis: Ohne ausdrucksstarke Endlosschleife im Hirn läuft nichts. Die Loko-
motive muss fürs Quälen gestählt werden. Und das beginnt – wie bei den meisten Ausdauersportarten – im Kopf. Hier gewinnt man zuerst, hier wird auf Sieg programmiert, Kompromisse funktionieren nicht. Die reine Hobby-Mannschaft hingegen
will das Gesellige mit ein wenig Sport verbinden statt umgekehrt, und sich in erster Linie an der gefälligen mallorquinischen
Natur erfreuen.

Hauptspruch der privaten Radler-Initiativen: WIR SIND IM URLAUB UND NICHT AUF DER FLUCHT!

Den Ehrgeiz behindert das kaum, denn keiner will Letzter sein. Keiner! Vorletzter mag noch angehen, aber Letzter?
Ausgeschlossen! Praktischerweise ist so viel Blau am Himmel, dass es gern herunter gelogen wird, wenn man wieder zu Hause
ist. Viele waren im Frühjahr schon da, sind jetzt im Herbst fit wie nie und zeigen den Mallorca-Einsteigern, wo's lang geht.
Meistens bergauf. Ambitioniert ist jeder, doch für Erstradler ist das hier nichts. Zumindest sollte man zu Hause täglich zur
Arbeit gestrampelt sein oder ein paar Wettfahrten mitgemacht haben. Konditionstraining ist angesagt. Immerhin sind die
Vorradler auf Mallorca – Profis und Triathleten aus der ganzen Welt – eine hohe Messlatte, für die man da in den Sattel steigt.
IRONMAN-Gewinner als Schrittmacher... da braucht man Übung, Kraft und Selbstbewusstsein, sonst ist nach ein paar
Kilometern alles vorbei. Oft begleitet milder Spott die Radler, über die manche gern herziehen, während andere frenetisch
applaudieren..

Es gibt mehrere Radsportzentren auf der Insel, die zig Gruppen zusammenstellen, Anfänger bis Spitzenathleten.
Wozu man gehören möchte, muss man meistens selbst angeben. Im übertragenen Sinn lässt man das besser, denn ein Fehler
in der eigenen Einschätzung kann zu großen Problemen führen, spätestens am ersten Huckel. Tausend Höhenmeter, hundert
Kilometer Strecke pro Tag sind üblich, aber möglich sind mehr als tausendfünfhundert Meter Kletterhöhe und gut hundert-
achtzig Kilometer schwerer Schinderei. Radrennfahrer machen das mit links.

Die Tour de Mallorca hat ihre speziellen Gesetze. Man duzt einander, die Route wird besprochen, Verproviantierung überprüft, im Gleichtritt Marsch. Nur anfangs ist noch Platz für Scherze, dann hat jeder mit seiner eigenen Atmung zu tun. Fluchende Autofahrer mühen sich, den gefährlichen Manövern der Radler auszuweichen, die ihnen in der unübersichtlichen Kurve schwer schwankend entgegenbrettern. Und manchmal kleben kleine Pulks hinter einem Auspuff fest, der sich wie sie quält, die Steigung zu bewältigen. Statt der herrlich frischen Luft nun ekliger Benzingestank. Und dummes Gelaber noch dazu »na, kneift nichts«, »ziehen, ziehen...« mit entsprechender Handbewegung! Endlich ist der Blödmann auf vier Rädern weg und man hat Gott sei Dank nur noch mit dem Gegenwind zu kämpfen, der so sicher mit von der Partie ist wie die Hornhaut am Hinterteil.

Kreuze ich den Weg einer so hoch konzentrierten, triefenden, keuchenden Figur, frage ich mich oft genug, warum der sich so abstrampelt, statt das Rad zu schieben und sich ein paar ruhige Minuten zu gönnen, bis er wieder neue Kraft geschöpft hat – vielleicht, weil er dann Letzter werden könnte? Und das kommt nicht infrage. Da hört der Spaß auf!

TIPP: Will man sein Heimat-Rad mit nach Mallorca nehmen, so kann man das spezial verpackt gegen eine Extragebühr für Fracht und Versicherung am Flughafen aufgeben. Es gibt aber auch eine große Auswahl an Mieträdern, bei denen sich die telefonische Suche nach dem »Richtigen« lohnt.
Etwa acht bis zehn Veranstalter von Radtouren teilen sich den Markt. Die Größeren sind vielen Reisebüros bekannt. Am besten vor der Buchung einen Fragenkatalog zusammenstellen, die Angebote gründlich vergleichen – und dann auf ins Hobby-Trainingslager.

Eine beliebte Unterkunft bietet die 750 Jahre alte Finca des Hotels CASAL SANTA EULALIA in ALCUDIA, das seine sportlichen Gäste nicht nur mit dem sehenswerten Restaurant im Kellergewölbe verwöhnt, sondern auch mit einem ungewöhnlichen Pool im aufgelassenen Sandsteinbruch. Der eigene Fahrradverleih mit Reparatur-Service lockt viele Biker. Zu den Traumstränden radelt man 2 km, nach 11 Kilometern erreicht man den längsten der Insel mit feinsandigem und flach abfallendem Strand, ein Dorado auch für Wassersportler. Keine Tour für Leistungsbolzer, sondern etwas Freudiges für Radtouristen. Auch der Ort PALMA NOVA ist als Herberge besonders gefragt. Dort hat man sich mit spezieller Nahrung, Radkellern, Werkstatt und Touren ganz auf Pedalfreunde spezialisiert.

LINKE SEITE: Wilde Ziegen und zahlreiche
Schafherden teilen sich das oft spärliche Grün

Von Kräuterhügeln und Herdentrieb

In einem Hain von Oliven- und Zitrusbäumen liegt FORNALUTX, dieses fruchtige Lutschbonbon, das sich in seiner mallorquinischen Aussprache schon so deutlich vordrängt. Es gilt als schönstes Dorf der Insel, von seinen etwa neunhundert Bewohnern liebevoll gepflegt und unter Denkmalschutz gestellt. Esel statt Autos, die durch schmale Gassen über holpriges Pflaster klappern, Orangenduft, Fassaden voller Patina, im Hintergrund der OIFRE, der Hausberg des Ortes. Ineinander verschachtelt schmiegen sich Häuser und Scheunen an den Hang, manche wie Muscheln gefärbt, renovierte Steinbauten, deren Blumenbalkone sich jederzeit wettbewerbsfähig präsentieren. Blitzblank geweißte Türen- und Fensterstöcke fallen gleich ins Auge, und herausfordernd steile Treppengänge verführen zu Mutmaßungen, was wohl dahinter liegen mag. Das weiß man beim COLMADO BENITO sofort. Der Krämerladen an der Kirche ist eine Sehenswürdigkeit besonderer Art, und der schwere Geruch frisch gebackenen Kuchens erinnert jeden daran, dass er Hunger hat. Dann... kurz vor dem Ortsausgang der kleine, tosende Wildbach. Ein anmutiges Ambiente! Genau hier – am Fuß der SERRA DE TORELLES – legten römische und arabische Eroberer Olivenkulturen an, die ältesten der Balearen. Bis heute sind die Mühlen dieser Epoche erhalten, in denen man das feinste Öl weit und breit presst.

»DIE LANDSCHAFT IST EIN ZUSTAND DER SEELE«, sagt der Katalane Salvador Dali

An der CARRER DES VICARI SOLIVELLAS steht ein Waschtrog, in dem früher die Frauen des Ortes ihre Wäsche blank rieben. Man kann es sich genau vorstellen, wenn man seine Augen schließt: Schwarz verhüllte Gestalten mit rauen Händen, wortkarg und flink über ein Brett rubbelnd, die sich nach getaner Arbeit ein Schwätzchen gönnen, eine MERIENDA mit Selbstgebackenem, und dann vollbeladen gemächlichen Schrittes den Rückzug ins Haus zur nächsten Pflicht antreten.

RECHTS: Wie Waben sind die Dorfhäuser aneinander
gebaut, mit Dachterrassen als private Refugien.
Der nachbarliche Blick stört niemanden

Von der Kirche aus schaut man durch die Gassen auf die umliegenden Berge, sieht am Hang erbaute pastellfarbene Häuser, die sich dahinwindende Landstraße – ein pittoresker Ort mit kurvenreichem Küstenweg. Man fühlt sich entrückt, der Blick übers Tal scheint nicht von dieser Welt, und auf dem Dorfplatz lädt ein wunderschöner Brunnen zur Rast ein. Ganz nah die überwältigende Buschlandschaft bei CAP BLANC. An FORNALUTX vorbei hat man vierzig Kilometer lang eine atemberaubende Aussicht, Spektakuläres hinter jeder Biegung. Das Rauschen der Brandung, der Rhythmus der Wellen, Natur pur. Pflanzen, die sich vor Hitze und Trockenheit in den Sommerschlaf geflüchtet haben, werden vom ersten Herbstregen erweckt. Verschwenderisch beginnen sie zu blühen, entschlossen, den Farbenrausch des Frühlings mit dezenteren Tönen zu übertreffen. Geschenke der Natur... man weiß nicht, was man schöner finden soll. Untermalt wird der Anblick durch den Gesang der Nachtigallen aus dem Unterholz, begleitet von Drosseln und Rotkehlchen. Sonnenstrahlen durchbrechen die Herbstwolken und blättern noch einmal den Kalender zurück.

Um den achten September herum drehen in FORNALUTX alle durch. VERBENA, CORREBUS, das Fest zu Ehren der JUNGFRAU SANTISSIMA. Die Krönung langer Vorbereitung ist der Stierlauf, ein Bullentreiben, so traurig und erbarmungslos wie im Mittelalter. Um das Risiko für die meist trunken grölenden Helden so gering wie möglich zu halten, wird ein junges, kleines Tier ausgesucht, das man lange jagen und piesacken kann... verirrter Mensch gegen verwirrten Stier. Hat der arme Kerl dann wider Erwarten alle Attacken ertragen, treiben die Heroen ihn zum Dank ins Schlachthaus, seinem unabänderlichen Ende entgegen! Die Traditionen... bis heute häufig voller Grausamkeit und Aberglauben, als habe der Mensch in hundert Jahren keine Erkenntnisse gewonnen über die Schöpfung, über die Kreatur. Lebendige Ziegen werden als Opfergaben von den Klippen geworfen, die Qual wehrloser Tiere gehört zu vielen Festen wie Speis und Trank. Ausgeblutet, verstümmelt, gejagt und gefoltert als »Glücksbringer«, oder auch nur so, weil es eben immer so war.

»BEGEISTERT VON DEN TUGENDEN DER TRADITION WIEDERHOLE ICH, DASS ALLES, WAS NICHT DIESER ÜBERLIEFERUNG ENTSPRINGT, PLAGIAT IST«. Dali

Vergessen wir für einen Tag alle Pein, denn ein köstlicher, frischer Herbstmorgen in diesem Teil des Mittelmeeres kommt dem Begriff von Vollkommenheit sehr nahe. Schon lange nicht gespürte Gefühle werden wach, leicht und zart wie

RECHTS: In dieser Talsenke im Osten der Insel
versuchen dürre Bäumchen den gelegentlich
heftigen Stürmen zu trotzen

Seifenblasen. Die glänzende See atmet tief und leise schnaufend nach den stürmischen Anstrengungen der vergangenen Nacht. Selbst heute sind schaukelnde Boote zu sehen. Schiffe schlafen ja nie.

QUÍEN MADRUGA DIOS AYUDA
WER FRÜH AUFSTEHT, DEM HILFT GOTT. Mallorquinische Weisheit

Dort, wo das spirituelle Herz Mallorcas in Himmelsnähe schlägt, nahe dem KLOSTER LLUC, rauscht zwölf Kilometer lang der Wildbach TORRENTE DES GUIX, auch COMFREDA – kaltes Tal – genannt. Er entspringt in etwa 1100 Meter Höhe beim Gipfel GALILEO, versorgt von einem riesigen Becken, das ein ebenso großes Gebiet um SELVA herum bewässert. Auch ihn hat eine Fusion gestärkt, denn zusammen mit einem anderen Wildbach bricht er auf in felsige Grate, wird zum wasserreichsten der Insel, dem SAN MIGUEL, und schwemmt unermüdlich kostbares Nass von ALBUFERA bis nach ALCUDIA. Dazwischen kann sich der Wanderer an verschiedenen Wasserfällen ergötzen, den zahmeren Strecken durch überwucherte Buckel bis hinunter ins tiefe Tal. Eichen säumen die Ufer, der Boden ist von Kräutern und Gräsern bedeckt, und Scharen von Sommervögeln nisten noch immer in den Wäldern. Für Naturfreunde und Bergsteiger das schönste Terrain, das es auf Mallorca gibt.

Bevor man auf dem PUIG DES CASTALLOT oder PUIG DE MASSANELLA steht, geht man durch verschlafene, verträumte Orte, in denen die Ohren trotzdem laufende Fernseher hinter geschlossenen PERSIANAS registrieren. Es lohnt sich, einmal nur bis zum ersten Hügel hochzuächzen, damit oben die feuchte Stirn vom Herbstwind gekühlt und den Augen ungehinderte Aussicht auf das sonnenbeschienene Umland geboten wird!

Spätestens beim weniger anstrengenden Abstieg kann man sich dann über blühende Gärten freuen. In einem bückt sich ein kleiner, gekrümmter Mann mit einer Baumschere über prächtige Sträucher. Um die Taille trägt er einen breiten Gurt voller Werkzeug. Mit fest zusammengepressten Lippen schneidet er Halme und summt dabei wie eine Hornisse. Im Gespräch mit ihm erfahren wir einiges über die heimische Flora: Oleander, Lorbeer, Ginster und Johannisbrotbaum kommen fast ohne Wasser aus. Mag das milde mediterrane Klima ruhig mehr Arbeit verursachen – Belohnung und Dank sind dementsprechend. Manches soll man getrost sich selbst überlassen, zum Beispiel Lavendel und Rosmarin statt Rasen dicht gepflanzt und stark

RECHTS: Der MIRADOR, einer der vielen Aussichtspunkte, bietet wie hier einen bezaubernden Blick über den Steilküstenbogen auf der Fahrt nach VALDEMOSSA

gemulcht, Immergrün als Bodendecker für halbschattige Plätze. Der Trockenheit trotzen Pelargonien und Calendula, bei Hitze haben sich Pistazie, Lavendel oder Palmen bewährt, mit denen sich Aloe und Sukkulenten gern verbandeln. Und wer kommt schon ohne HIERBAS aus, ohne die frischen Kräuter der Insel, wie Meerfenchel, Salbei und Thymian... für die künftige Gartenarbeit wissen wir nun Bescheid! Es stimmt oft, was ein kluger Kopf einmal aussprach:

MITTELMEERMENSCHEN HABEN SOGAR INMITTEN STÄRKSTER ANSPANNUNGEN EIN LEUCHTEN, AUSGEWOGENHEIT, RHYTHMUS...

Unten angekommen, ist eine Erfrischung fällig, am Ortsausgang grüßt das winzige Waschhaus, das bis in die 70er Jahre noch genutzt wurde. Später halten wir an weiteren MIRADORS und ignorieren die dort angebotene Stickerei – Touristenware. Stattdessen winden wir uns mit der Straße den Hang hinunter, bis der Weg endet. Links begrenzt von Felsen, rechts durch die lauschige Bucht. Vorsichtig balancieren wir mit nackten Füßen über große, noch warme Kiesel ins lockend warme Wasser des Mittelmeers.

Nicht länger als drei Stunden dauert eine Wanderung von COLL DE SA GRAMOLA bis SANT ELM. Zu Beginn spaziert man über einen sanften Weg von GRAMOLA bis SES BASSES. Dort muss man erst einmal die Luft anhalten, wenn sich der Panorama-Blick über Meer und Berge bietet, über Pinienwälder, Köhlerhügel, Täler und Felsküste, die wie in einem Fotoalbum gleichzeitig aufgeblättert vor unseren Augen liegen. Und in der Ferne das gewaltige LA-TRAPA-Massiv.

Man gibt Robert Graves Recht, wenn er bemerkt:
»VON ALLEN DINGEN, DIE ICH IN MEINEM LEBEN GETAN HABE, HAT MIR DAS WANDERN AM BESTEN GEFALLEN.«
Der englische Schriftsteller lebte nahezu 50 Jahre in DEIÀ, wo er seit 1985 begraben liegt.

1994 brannte LA TRAPA! Fünf Jahre dauerte es, bis man dort wieder durch niedriges Grün des Naturschutzgebietes wandern konnte, durch die einzigartige Landschaft mit ihrer Terrassenkultur. Von den Aussichtspunkten auf SA DRAGONERA und TRAMUNTANA sieht man Kalkstein-Kaskaden, stapft schwer beeindruckt durch den TORRENT, ein ausgetrocknetes Flussbett, ehe man weichen Waldboden betritt und begeistert die Schneise empor schaut. Man findet Reste verlassener Landwirtschaft in der Nähe von S'ARRACO und kraxelt über enge Pfade hinauf zum Turm.

RECHTS: Wenn sich die Sonne verabschiedet,
um vor ihrer rotgoldenen Kulisse ganz langsam
ins Meer zu sinken, wird für einen Moment lang
aus fast jedem von uns ein Romantiker

CAP FABIOLER, wo Überbleibsel des Klosters der Trappisten ihre traurige Geschichte erzählen. Lediglich die Weizenmühle und ein Kalksteinbrunnen sind noch gut erhalten. Vor der französischen Revolution flohen die ersten Trappisten-mönche auf die iberische Halbinsel, wo sie seit 1808 bekannt sind. Obwohl sie unglaublich fleißige Aufbauarbeit leisteten, wurden sie schon 1820 wieder aus Mallorca vertrieben. Nur ein Orden existiert noch, MONJAS DEL PALAU, in dem elf Trappistinnen ihren gottgläubigen Alltag mit Gebeten und Gartenarbeit verbringen.

Nach der Hochebene begleiten uns parallel auf einem gefährlicheren Pfad Bergziegen, die unbeirrbar sicher über enge Felsscharten steigen. Vor uns ein Plateau, links und rechts Zistrosen und Silberdisteln. In dem lieblichen, fruchtbaren Tal darunter liegen bewässerte, gut bestellte Felder, mittendrin eine riesige Schüssel als Schafstränke. Noch fern von uns ist ein Schuss zu hören, die Wälder sind voll von Wildkaninchen, Mauswieseln, Steinmardern und Ginsterkatzen, abgesehen von ausgerissenen, verwilderten Schafen und Ziegen. Igel und Landschildkröten suchen sich unter abgebrochenen Ästen einen passenden Unterschlupf, um ja nicht versehentlich ins Visier einer Flinte zu geraten, denn sonntags wird gejagt.

Ein deftiges Mahl mit würzigen Gartenkräutern und Inselwein ist die Belohnung jeder Exkursion – nicht zuletzt darum finden sich rustikale Restaurants an fast allen strategisch wichtigen Punkten. Und wenn man dann nach einem ausge-dehnten Essen gestärkt zum Gipfel empor schaut, reibt man sich verwundert die Augen: »Was, da oben war ich? Wie habe ich das bloß gemacht?«

Hoch hinauf schlängelt sich der Weg um den Berg wie ein Band, das ein Geschenk umwickelt. Ein Geschenk, an dem wir teilhaben durften. Scherzend und lachend vor lauter Glück und Stolz tritt man den Rückweg an. Wir lehnen uns an eine von der Zeit gezeichnete Rinde, die Ziegenbisse, Dürre, Liebesschnitze und mehr überstanden hat, ohne uns die Ernte ihrer Früchte zu verweigern. Kaum ist der Gedanke da, wollen wir uns ein Beispiel an dieser Größe nehmen; sollen doch die Neben-sächlichkeiten des Alltags so klein bleiben wie sie wirklich sind, Forderungen uns einfach nicht mehr erreichen. Hier zu sitzen und zu träumen, zu sehen wie die Sonne hinter dem Felsen im Meer versinkt, ein Spielball für die Fische… das soll uns ganz ausfüllen.

Schon eine Weile sind die Umrisse des Mondes zu erkennen, der bescheiden auf seinen großen Auftritt wartet, und der Sonne den glänzenden Abgang gönnt. Wenn dann noch eine Sternschnuppe vor uns niederfällt, sind alle Wünsche erfüllt.

LINKE SEITE: Hinter Palmen und Pinien versteckt
liegt die schneeweiße Sommer-Residenz

RECHTS: Jürgen Weber, Vorstandsvorsitzender
der Lufthansa, vollkommen stressfrei

ABHEBEN TROTZ BODENHAFTUNG: LUFTHANSA-CHEF JÜRGEN WEBER

Jürgen Weber läuft. Immer auf ein Ziel zu, nie von etwas fort. Mal am Strand entlang, mal auf der Straße vor seinem Haus, durch Parkanlagen, gelegentlich um die Hotels, in denen er gerade nächtigt. Laufen braucht er als Maßnahme gegen das häufige Sitzen und den Gedankenstau im Kopf. Ob auf eigenen Füssen oder deren Ski-Verlängerung im Schnee. Manchmal allerdings pirscht er sich auch mit langsamen Schritten an seine Visionen heran, denn:

»BEI ALLER UNGEDULD – HEKTIK SCHADET NUR«

Seit 1967 ist Jürgen Weber ein Lufthansa-Mann, einer, der es gewohnt ist, Entscheidungen zu treffen und sie auch durchzusetzen, ein Mann mit Führungsqualität. Denen, die das bezweifeln, zeigt er es auf seine Weise.

Als er 1991 den Vorstandsvorsitz der Deutschen Lufthansa übernimmt, befindet sich der Konzern im Sturzflug. Mit mehr als 400 Millionen DM Verlust steckt die Gesellschaft in der größten Krise ihrer Geschichte. Und nun gelingt dem Techniker Weber etwas, das kaum jemand für möglich gehalten hat: Er reißt das Steuer herum und bringt den Kranich wieder zum Fliegen! 1998 kann die Deutsche Lufthansa den ersten Rekordgewinn verzeichnen. Umstrukturierung, Allianzen und eine konsequente Sparpolitik machen diesen Erfolg möglich. Einer wie er, mit offenem Ohr für Basisnöte, ein anerkannter »Teamleader«, fängt mit Kürzungen oben an: Den schwerfälligen achtköpfigen Vorstand, einen »Entscheidungs-Hemm-schuh«, reduziert er in Etappen, PASO A PASO, wie die »10 kleinen Negerlein« erst auf fünf, dann vier, jetzt drei Personen. Jürgen Weber, der Minimalist, ist für kurze Wege, Konzentration auf das Wesentliche, hat wenig Lust, sich mit Floskeln, Eitelkeiten, Profilneurosen aufzuhalten. Lösungen! Darum geht es ihm! Auch wenn das Unternehmen unter diesem Piloten abhebt, er selbst behält seine Bodenhaftung. In den ganzen harten Jahren hat der Mann sich kaum verändert, versucht bei allem Pflichtgefühl, nicht nur für die Arbeit zu leben. Nun gut, blass war er manchmal, sah elend aus in den Phasen des Gesund-

RECHTS: Endlich einmal Zeit für einander:
Sabine und Jürgen Weber auf ihrem Balkon bei ALCUDIA

schrumpfens – wer will ihm das verdenken, schließlich ist es kein beneidenswerter Job, aus düsterster Tiefe zu starten; dafür bleibt ihm der freie Fall aus überheblicher Höhe erspart. Bei ihm gibt es keine Machtspielchen, keinen zackigen Ton, keine der üblichen Chef-Allüren des Top-Managers. Stolz auf Erreichtes, doch, das schon! Aber bescheiden, wie alles in seinem Wesen.

Nun prägen ja Berufsbilder bekanntlich den Menschen und manche können niemals aus ihrer Haut. Andere, die Glücklicheren, entspannen sich, legen den Stress ab wie einen unbequemen Mantel, wenn sie die Umgebung wechseln. Sabine und Jürgen Weber suchen auch im Urlaub auf Mallorca nicht den Luxus, sondern schlichte Erholung. Beide sind sportlich, Einkäufe werden darum meistens mit dem Fahrrad erledigt. Oft per Tandem – er strampelt vorn, sie dahinter – ein harmonisches Spitzenteam! Inzwischen sind sie Neu-Golfer... mit gebremstem Ehrgeiz. Und sie sind auch das, was man allgemein »attraktive Erscheinungen« nennt. Sie, groß, schlank, rothaarig, mit gebräuntem Teint, viel Humor und einem ganz eigenen Lächeln, das bis tief in die Augen reicht. Er, muskulös und drahtig, mit genau der richtigen Mischung aus Sanftheit und Souveränität, die Männern wie Frauen gefällt. Noch dazu ein Mann mit schönen Händen...

Der Badener, seine Frau und die zwei Kinder leben abwechselnd in Frankfurt und Hamburg, Mallorca entdeckten sie als festes Feriendomizil erst in den 90er Jahren. Und nun sind Webers innerhalb Mallorcas umgezogen! Aber nicht, wie man sich gemeinhin einen Ortswechsel vorstellt: hektisch, atemlos, um dann doch noch dem abfahrenden Spediteur mit der edlen Schüssel aus PÓRTOLS nachzurennen. Nein, so unproblematisch, wie sie ihren Alltag gestalten, so einfach verläuft auch ihr Umzug. Das etwas enge Penthaus am Meer wurde möbliert verkauft, die persönlichen Dinge in aller Ruhe eingepackt, und während ein Teil der neuen Möbel im eben bezogenen Haus eintrifft, sitze ich mittendrin, ohne das Gefühl zu haben: Jetzt störe ich. Wir reden, knabbern Melone, trinken Saft, schauen aufs Meer, und nichts erinnert mich an meine eigenen wilden Umzüge. Sabine und Jürgen Weber sind unkomplizierte, liebenswürdige Menschen. Ich bin gern bei ihnen.

Als sie aus ihrer Wohnung raus und rein in ein Haus ziehen möchten, lautet die Bedingung für den Neuerwerb: Meerblick! Das alte Boot, das unter dem voluminösen Holzstapel im neuen Garten zum Vorschein kommt, wird sofort restauriert, mit zwei Rudern ausgestattet – und dann zum ersten Mal ins türkisblaue Wasser geschoben. Diese jungfräuliche Erkundung der Idylle – direkt vor der Haustür – ist für beide ein Erlebnis der speziellen Art. Okay, die Luft... als Element nicht schlecht, aber das Wasser... o ja, da blitzen die Augen! Wasser, Erde, Luft... Elemente, die in seinem Leben eine besonders wichtige Rolle spielen: Jene typische Bodenständigkeit, die Arbeit bei der Lufthansa, und dann diese Faszination von der Urgewalt

RECHTS: Stillleben mitten im Umzug

Meer. So oft wie möglich springt Jürgen Weber in die Fluten hinter seinem Garten.

Luxus? Schwimmen und tauchen, morgens noch vor dem Frühstück. Ja, das ist es!

Sabine Weber hat das Haus bequem eingerichtet. Weder Designermöbel schmücken die Räume noch irgendwelche Prestige-Objekte. Praktisch ist es... persönlich und gemütlich. Meist sind sie ohnehin draußen. Dabei hat sie noch einiges vor: »Ein Haus muss auch innen organisch wachsen«. Das von außen kühle weiße Gebäude versinkt auf der Rückseite in dschungelartigen grünen Gewächsen, den Agaven, Jasminbüschen und Akazien, die auch den Weg zum Meer säumen. Baumdächer vermitteln den Schutz einer Höhle. Sabine und Jürgen Weber sind zwei Menschen ohne falsche Zwischentöne. Klare Linien überall. Im Haus sind die Wände hell gestrichen, reflektieren rotbraune Fliesen, Ethnodrucke, Terracotta. Es gibt viel Korbgeflecht, dicke Kissen, wenig Holz, selbst auf der lang gestreckten herrlichen Terrasse. Urlaubsambiente, Ferienstimmung. Dabei ist ihr eigentliches Wohnzimmer riesig, die Decke so endlos blau, als hätte ein Maler den Pinsel geschwungen... und kein Rhythmus eines Schaukelstuhls könnte so sanft beruhigen wie die Schwingungen der Wellen. Das Mittelmeer als Raumverlängerung, Aussicht von Fenstern und Balkonen, quasi nur einen »Gartenflur« entfernt...

Gerade in der privilegierten Situation auf der sonnigen Terrasse ihres mallorquinischen Hauses ist ihnen die andere, die traurige Seite des Lebens bewusst. Ein wundervoller Blick auf die Weite des silbrig schimmernden Wassers, das tiefe Kobalt des Himmels, der Duft frisch gepflanzter Rosen... man fühlt sich so glücklich, so beschenkt, dass man ABGEBEN möchte, abgeben von allem, was man hat. Schon lange engagiert Sabine Weber sich aus eigener leidvoller Erfahrung bei Phönikks, einer Organisation, die sich speziell um krebskranke Kinder kümmert: »Lasst uns eine Oase sein, wo man begeistert ist vom Leben, von jedem Leben, auch von dem, das sehr viel Mühe kostet...« Genug ist niemals genug. Die schwerbelasteten Eltern und Geschwister todkranker Kinder werden dort betreut, eine Nachsorge, die hilft, das schwarze Loch zu mildern, in das Familienangehörige unweigerlich fallen, wenn die ärztliche Behandlung beendet ist. Mit Christl Bremer, der Stiftungsgründerin, und ihren Mitarbeitern sammelt auch Sabine Weber die dringend benötigten Spenden, nutzt Einfluss und Kontakte, um für die Beratungsstelle zu werben, appelliert in ihrem Kreis temperamentvoll an Hilfsbereitschaft. Wir sprechen über jene, denen es so viel schlechter geht als uns. Jetzt, in eben dieser Minute, die wir im traumhaften Ambiente bei Melone und Saft genießen! Und wir sind uns einig: Man muss – ohne Larmoyanz – immer etwas tun. Genug ist nicht genug.

RECHTS: Die Arbeit in den Obst- und Weingärten
ist auf Mallorca meistens Familiensache

RECHTE SEITE: Vater und Sohn beim traditionellen
Mandelschlagen

OBSTPFLÜCKEN, WEINLESE
UND MANDELSCHLAGEN

Beethoven, der Settermischling, dessen braunes Fell ständig grundlos zu Berge steht, hat aufgehört zu schnarchen. Endlich ist die lähmende Hitze vorüber, die Lust auf Abenteuer wieder erwacht. Begeistert springt der Hund ins Auto und hält bis PALMA den Kopf aus dem Fenster, obwohl irgendeiner immer »Pfui, Zugluft« sagt. Dabei gibt's die richtige Zugluft erst jetzt.

Von PALMA aus rattert die Trambahn seit 1912 bis heute eine knappe Stunde durch die blühende Landschaft nach SÓLLER. Palavernde Passagiere genießen zwischen bequemen Lederfauteuils das fein getäfelte Mahagoni der PRIMERA CLASE. In der zweiten Klasse stützen fröhliche Fahrgäste ihre Knie auf Edelholzsitze, um ja nichts zu verpassen – ein eigenes Hundeabteil dicht dabei, aus dem Beethoven übermütig die Gegend ankläfft. Die frechsten Insassen öffnen das Eisenbahnfenster und klauen sich die Orangen direkt vom Baum. Vielleicht wird der Bummelzug auch darum Vitamin-C-Express genannt. Das nostalgische Abenteuer quietscht und schaukelt, rattert und bimmelt sich über Viadukte durch 27 Kilometer und 13 Tunnel. Radler hätten es längst überholt. 27 Kilometer in einer Stunde, o Mann, da fragt man sich doch, bewegt sie sich oder nicht? Das beste Stück der TRAMUNTANA scheint wie im Diaprojektor vorbeizuziehen, und man grübelt, was der Name soll. Weder rot noch schnell, ist der »Rote Blitz« wohl eher ein guter Witz.

Dann hält die Lok. Panorama, Platanen, PARADOR – Fotos von der Plattform. Das Paradies scheint nahe. Nur Beethoven bemerkt es nicht, weil er einen Baum für sein Bein sucht. Während sich der »Rote Blitz« ausruht, saust der »Schnelle Blitz« Eckart Witzigmann durch die Küche seines Restaurants CA´S PUERS in SÓLLER... die Bimmelbahn stets als Ansporn vor Augen. Ein exquisites Essen dort – welch' edler Abschluss einer eindrucksvollen Fahrt!

LINKS: Seit 1912 unterwegs: Der »rote Blitz« auf seinem
vertrauten Weg von PALMA nach SÓLLER und zurück

»ORANGEN BIEGEN DIE ÄSTE, AN DENEN SIE LASTEN, HÄNGEN IN SCHWEIGENDER
ÜBERZAHL, SCHWER UND SÜSS.« Mallorquinische Historias

Mit Orangen verdienten die Bürger von SÓLLER bereits um die Jahrhundertwende
ihr Geld. Und weil auf den langen Tagestouren nach PALMA zu viele Früchte verdar-
ben, brauchten sie für ihren wichtigsten Exportartikel ein schnelleres Transportmittel. 1904 wurde der geplante Bau einer
Eisenbahnstrecke PALMA-SÓLLER erst einmal abgeschmettert. Schlecht erreichbar wie sie waren, schwanden damit auch die
Hoffnungen der Bürger auf neue Verbindungen. Doch bald dachten sie über andere Möglichkeiten nach: Ein Tunnel! Mitten
durch die SERRA DE ALFABIA. Aber wie finanzieren? Kommt das Staatssäckel nicht in Frage, dann eben eine Privatinitiative. Die
Lösung hieß Aktien! Schon damals. Alle kauften Anteile und 1906 konnte der Bau beginnen: 3 Kilometer Tunnel in 4 Jahren! Als
1912 jede Straße, jedes Haus festlich geschmückt wartete und die erste Eisenbahn durch wundervolle Aussichten in SÓLLER
eintraf, war der Ort außer Rand und Band.

FERROCARRIL DE SÓLLER, eine Arbeit, die sich bis heute in ihrer Qualität bewährt hat, wenngleich die Dampfmaschine
der von Siemens gebauten Schmalspurbahn inzwischen von einer E-Lok abgelöst wurde, und statt der transportierten Zitrusfrüchte Touristen die mit gediegener Täfelung und Messingbeschlägen ausgestatteten Waggons füllen. Unter all dem leidet
die zweite Bahnlinie Mallorcas, PALMA-INCA, die viel älter, aber weniger attraktiv ist, und von dieser Pracht ganz und gar
verdrängt wird. Zwar wird der olle Zug bis heute gut genutzt, aber niemals gefeiert.

Neben PALMA ist SÓLLER die größte Stätte des Jugendstils, des MODERNISMO, wie man hier sagt. Allein das Bank-
gebäude oder die Kirche SANT BARTOMEU! Kunstvolle Portale, MARÉS-Fassaden, Patios mit fein geschmiedeten Eisenarbeiten.
SÓLLER, das stolze Bergstädtchen, kann es sich leisten, seine Jugendstil-Pracht zu restaurieren, weil es seine Orangen in alle
Welt exportiert! Der Name soll übrigens aus SULIAR entstanden sein, dem arabischen Idiom für TAL DES GOLDES, das es wahrlich ist. Die HORTA, der fruchtbare grüne Boden, liegt wie eine Muschel inmitten einer Schale von Gipfeln und Meer. Im botanischen Garten hat man liebevoll alle einheimischen Pflanzen gesammelt, auch jene mit Heilkräften, und noch immer wissen
die Alten im Ort genau, wogegen welches Kraut gewachsen ist.

RECHTS: Weite Orangenhaine rund um die
Herrenhäuser säumen die Fahrtroute der Eisenbahn

Früher zog der Hafen des wohlhabenden Dorfes Piraten an, die so gravierende Spuren hinterließen, dass die Bewohner Bollwerke bauten, um Land und Leben zu schützen. Relikte erkennt man bis heute. Die Bucht ist ein geometrisches Bravourstück, fast ein Kreis, flankiert von Leuchttürmen, unter denen Schiffe, Yachten und Fischerboote vor sich hin dümpeln.

»ICH BIN GANZ OBEN IN DEM ORANGENBAUM MIT SEINEM SO GEFÄHRLCHEN SITZ. BETE ZUM HIMMEL,
MEINE SCHÖNE, DASS ICH MICH NICHT VERLETZE, WENN ICH HINUNTERFALLE« ALTES MALLORQUINISCHES VOLKSLIED

Natürlich kennen Mallorquiner Orangenrezepte in tausend Variationen. Sie nutzen die gesunden Kugeln als Zutat von Salaten, Fischgerichten, Nachspeisen… und der frisch gepresste Saft gehört zu den köstlichsten Angeboten der Insel.

Die gesamte Fahrtroute des »Roten Blitzes« eignet sich auch wunderbar als Wanderstrecke, die man wenigstens ein Stück genießen sollte. Auf mysteriöse Weise mutet der Weg zurück von SÓLLER nach PALMA wieder neu an, mit vielen, vielen Kurven bis zum Ziel, mehr, als man in Erinnerung hat. Die Strecke ist unendlich schön und lang, immer sieht man auf das Meer hinab, das dieses atemlose Glücksgefühl in uns auslöst.

Wir gönnen uns etwas Kultur in den JARDINES DE ALFABIA, diesem Zeugnis arabischer Vergangenheit voller geheimnisumwitterter Winkel, die Beethoven aus anderen Gründen interessieren, darum bleibt er besser draußen. Es trifft sich gut, dass Santi auch nicht mit will, so können sie aufeinander aufpassen. Wir schwelgen derweil zwischen meterhohen Palmen, Bambussträuchern, verdrehten Olivenbäumen, Orangen- und Zitronenhainen. Unaufhörlich sprudelt und fließt es in Brunnen und Teiche, die mit Seerosen fast bedeckt sind. Es rauscht und sprüht, verklärendes Licht bricht sich in Wasserkaskaden, unter denen man nicht selten einem Enten-Ballett zuschauen darf, das so synchron wie beim Bolschoi im antiken Trog tanzt und manchem Choreografen als Vorbild dienen könnte.

»SON ACEITUNADOS TUS OJOS…« DEINE AUGEN SIND OLIVEN Aus einem mallorquinischen Liebesgedicht

LINKE SEITE: Fachgerecht gelagert wird der Wein
aus den Gewölben Mallorcas in alle Welt exportiert

Später passieren wir ORIENT mit den besten Kirschen und Äpfeln der Welt, lauschen vom intensiven Geruch benommen der glucksenden Bewässerung, die durch die ganze Plantage führt. Dann sind wir in ALARÓ, dessen sehenswertes Hotel L'HERMITAGE im alten Gemäuer moderne Technik und einen neuen Pool beherbergt, halten kurz in BUNYOLAS kleinem Bahnhof und sehen in vielen HORTAS Männern zu, die mit langen Stangen Mandeln abschlagen, um sie in riesigen Netzen aufzufangen. Gut getränkte Feigenbäume, in denen traubenartig reife Früchte hängen, breiten ihre üppig grünen Dächer aus, die Blätter der Ölbäume glitzern im milden Sonnenlicht. Oliven und Wein brachten die Römer, Datteln und Mandeln die Araber. Allgegenwärtig betörender Duft von Aleppokiefern, Rosmarin und Ginster.

»ZÄHLE DIE MANDELN, ZÄHLE, WAS BITTER WAR UND DICH WACHHIELT, ZÄHL MICH DAZU«. Paul Celan

Immer noch hören wir das gleichmäßige Zirpen der Zikaden. Im Geiste kann man den Pfad verfolgen, den die Glöckchen der Schafe und Ziegen andeuten. Beethoven darf nicht hinterher, wird zurückgepfiffen, Beethoven bellt. Im Gebirge ist das meiste Gelände »COTO PRIVADO DE CAZA« – privates Jagdgebiet – oder »PROHIBIDO EL PASO«– Durchgang verboten – was man besser beides respektiert. Trotzdem findet sich hier und da ein herrenloser, Schatten spendender Baum, unter dem man ein Nickerchen machen und in den Bergen von den Bergen träumen kann.

Etwas zerknautscht setzen wir die Reise fort und nähern uns SANTA MARIA DEL CAMÍ. Aus den Bars ziehen deftige Schwaden – eine Versuchung, der wir nicht widerstehen können, also kosten wir Salat, Fisch, Oliven und Brot in einem der einfachen und hervorragenden spanischen Lokale. Beethoven vernichtet die Reste. Hier und in PETRA haben sich Weingüter etabliert, ebenso in ANDRAITX und PORRERES. Doch den größten Erfolg verbucht BINISSALEM für sich.

»SCHON FRÜH ZIEHEN DIE BAUERN HINAUS IN DIE WEINBERGE, ERST BEI SONNENUNTERGANG KEHREN SIE HEIM.
ALLES IST ROT VOM PURPURNEN SAFT, FRAUEN UND MÄNNER, KINDER UND KARREN, WIE BEI EINEM BACCHUSFESTE« Luis Salvador

Eigentlich haben die Römer auf Mallorca hauptsächlich Weinschorle getrunken und damit jeden Traubentropfen stark verwässert. Warum, ist nicht überliefert. Andererseits sollen sie so begeistert von der balearischen Auslese gewesen sein,

RECHTS: Muße zur Prüfung des richtigen Jahrgangs –
Wein aus BINISSALEM

dass sie sie fässerweise nach Rom exportierten. Ob edler Rebensaft oder löchern-
der Schädelspalter – bis heute gehen die Meinungen darüber auseinander. Und die
Araber? Die überlisteten sogar ihre Religion! Obwohl ihnen der Weingenuss von
Allah verboten war, nutzten sie den Anbau angeblich zur Herstellung von Küchen-
wein und Rosinen »nur als Ergänzung des Speiseplans.«

Heute kennt man mallorquinischen Wein nicht nur in Spanien, sondern in
ganz Europa. Vorrangig den aus BINISSALEM, dem einzigen geschützten Anbaugebiet Mallorcas mit dem Gütesiegel DOC, das
natürlich kein Hinweis auf später notwendige ärztliche Hilfe sein soll. Im Gegenteil: Etwa vier Millionen Liter Insel-Wein
rinnen gaumenschmeichelnd durch durstige Kehlen, der bekannteste ist der rote MANTO NEGRO.

Im ausgehenden 19. Jahrhundert hatte der Wein BINISSALEM reich gemacht. Dann, um 1880, setzte die gefürchtete
Reblaus dem Ganzen ein Ende, und schnell wurden Mandelbäumchen als neue Verdienstmöglichkeit gepflanzt. Es dauerte
lange, ehe die Mallorquiner sich wieder trauten, auf Wein zu bauen und Trauben zu stampfen, bis der berauschende
Gärgeruch in jede Ecke ziehen konnte – genau wie früher.

Inzwischen gibt's auch auf der anderen Inselseite, bei ANDRAITX, gute Erfahrungen mit Boden und Klima, sodass
die Winzer dort ordentliche, beliebte Weine keltern. Den Markt hat man sich geschickt geteilt, indem sich beispielsweise
PORRERES auf mallorquinischen Sekt, CAVES, und Rotwein spezialisierte, dabei eine alte Handwerkskunst in vorbildlichen
Weinkellern mit traditionellen Techniken pflegend. Jetzt zur Lese kommen Helfer vom Festland, und trotz der harten Arbeit ist
die Stimmung ausgelassen und heiter. Es wird gesungen und getanzt, noch ehe das Endprodukt die Zunge berührt.
Mallorca, diese paradiesische Insel mit den idealen Bedingungen für viele gute Tropfen und konkurrenzfähige Weine, macht
aus allem ein Fest.

SIE HERBSTEN DEN WEIN IHRER AUGEN, SIE KELTERN ALLES GEWEINTE. SIE HERBSTEN, SIE KELTERN DEN WEIN,
SIE PRESSEN DIE ZEIT, AUF DASS EIN MUND DANACH DÜRSTE« Paul Celan

RECHTS: Steht man auf einem der MIRADORS, zeigt
sich die Südwestküste, steil und atemberaubend, von
ihrer schönsten Seite

Jetzt ist Erntezeit. Grüne Netze breiten sich unter den Bäumen aus,
Mandeln und Johannisbrot werden abgeschlagen, HIERBAS für Kräuterschnäpse,
Oliven und Früchte gepflückt, Wein gelesen und gekeltert. Die Feigen sind reif, und
auch die wenigen Ölmühlen drehen sich in diesen Tagen auf Hochtouren. Erst die
Arbeit, dann das Vergnügen! Denn selbstverständlich wird gefeiert, wie etwa SA
FESTA D'ES MELÓ in VILLAFRANCA, das große Fest der Melonen, dort das Hauptan-
bauprodukt als süße Verwandte von Gurke und Kürbis. Oder der COSSIER, eine Art
Tanztheater, das vorwiegend in ALGAIDA, aber auch andernorts erhalten blieb. Ver-
mutlich ist dieses ausdrucksstarke Schauspiel ursprünglich als Erntedankritual im
16./17. Jahrhundert entstanden. Als Ausgleich aller Ungerechtigkeiten des Lebens siegt hier endlich Gut über Böse, Licht über
Dunkelheit. Und davon zehrt man dann bis zur nächsten Ernte.

Auf dem Rückweg von SÓLLER über BANYALBUFAR bis ANDRAITX, auf Mallorcas »Highway Number One«, strahlt unter
uns das flimmernde, in hellen und dunklen Blau-Tönen schimmernde Meer mit Landzungen, die sich wie graugrüne Delfin-
rücken ausstrecken. Neben uns wachsen formschöne Feigen- und Kakibäume. Glückliche Touristen mit Fotoapparaten
besetzen scharenweise die MIRADORS, die zum Weitblick einladen. Nur ein Stückchen weiter ist es ebenso schön und reizvoll,
aber weniger bevölkert.

Wer Mallorca im Original betrachten will, wendet sich diesen ruhigeren Plätzchen zu, auch wenn sich Parken und
Aussteigen etwas schwieriger gestalten. Dafür herrscht wieder Stille, nur der Wind untermalt unser andächtiges Staunen, so
vollkommen, so gewaltig, lieblich und karg zugleich. Schroffe Felsen, blaue Tiefe bis zum Horizont, Champagner-Luft mit
Kräuter-Aroma.

KRAFT SCHÖPFEN AUS DER LANDSCHAFT, DER UTERINEN GEBORGENHEIT ÄHNLICH,
BLEIBT IMMER TEIL EINER SEHNSUCHT. Historias

SINGE, WEM GESANG GEGEBEN:
LA FAMILIA IGLESIAS

D ie Ansinnen an mich wurden immer grotesker. Erst sollte ich mich nach dem Kuss des Vaters nicht mehr waschen, und dann bei den Söhnen sogar stehlen oder um Wäsche betteln. Die unterschiedlichen Wünsche hingen mit dem Alter der insistierenden Damen zusammen. Es waren die Mütter, die mich bei Julio Iglesias senior baten, die »magische Stelle« berühren zu dürfen, die er direkt neben meinem Mund geküsst hatte. Die Töchter hingegen reagierten hochgradig erregt auf Enrique und Julio junior. Mit gesteigerten Ansprüchen! »SEIN« Hemd sollte es sein, SEINE Boxer-Shorts, wenigstens SEINE Baseballkappe. Dabei sagt man paradoxerweise ausgerechnet dem Vater nach, im Besitz der größten Asservatenkammer an Slips und BH's zu sein. Und peinlicherweise hatte ich nie zuvor etwas vom Ruhm der zweiten Iglesias-Generation mitbekommen.

Schon den enormen Auftrieb von Management, Bodyguards und Medienberatern um Julio Iglesias herum fand ich leicht übertrieben, was sich als naiv herausstellte, denn da kannte ich seine Söhne noch nicht. Übte der Vater sich nach einer kometenhaften Karriere und weltweiten Musikerfolgen mit schwindelnden Erträgen in Selbstkritik: »ERST HEUTE SINGE ICH WIRKLICH GUT, EIN WUNDER, DASS DEN MENSCHEN VORHER MEINE STIMME UND MEINE LIEDER ÜBERHAUPT GEFIELEN«, so strotzten die Söhne vor Selbstbewusstsein inmitten eines Pulks von Betreuern. Nur der 1.95 m-Länge von Enrique war es zu verdanken, dass ich ihn überhaupt wahrnahm, so eingekreist, wie er zu unserem Treffen auf Mallorca erschien.

Die ganze Familie Iglesias ist oft auf der Insel, wenn auch nicht gleichzeitig. Sie geben Konzerte, kreuzen auf dem Meer und wohnen in der Nähe Palmas. Hartnäckig kursiert das Gerücht, sie besäßen hier ein riesiges Anwesen, das offiziell dem Verwalter gehöre. Möglich ist es, denn Vater Julio unterhält einen stets startbereiten Jet, auf dem Erdball verstreute Luxusvillen, einen Fuhrpark mit Rolls Royce, Ferrari und anderen Edelmarken, reist gern und gilt als ausgesprochen spontan:

LINKS: Der Dritte im Bunde – Julio Iglesias junior

Frühstück in Miami und Abendessen in PALMA? Kein Problem, alles schon dagewesen. Vater und Söhne haben manches gemeinsam, zum Beispiel die Verbote für Journalisten: Keine Frage hierzu, keine dazu, gewiss nichts zur Familie oder Vater-Sohn-Beziehung! Im Gespräch läuft es dann anders, und JEDE Frage wird beantwortet, wenn auch gelegentlich ausweichend. Bei Enrique kommen mir die romantischen Lieder, der Akzent, die Stimmlage sehr vertraut vor. Stets auf den Spuren des Vaters?

»No, no, wir mögen eben beide den sanften Sound, aber ich habe meinen eigenen Stil, andere Arrangements und vor allem ein anderes Publikum.«

Davon kann ich mich innerhalb weniger Wochen persönlich überzeugen. Zu Julio senior strömt eine Frauen-Parade mittleren Alters, zwischen denen ein paar versprengte Männer recht exotisch wirken, während Enrique trotz ähnlicher Voraussetzungen nur ganz junge Damen anspricht, darunter enorm exotische Typen... und viel mehr Jungs als beim Herr Papa. Wo bleibt da noch Platz für Julio junior? Welche Nische hat er sich ausgesucht? Julio Iglesias junior, Zweitältester, aber der Kleinste von den drei Sängern der Familie, sieht am besten aus, besser als der Vater, ganz Höflichkeit und Kumpel. Seine Musik hat er einfach schneller gewählt, mehr Rhythmus, weniger Romantik, dafür Kreativität, denn die meisten seiner Texte schreibt er selbst.

Während Julio senior seine größten Erfolge in Europa feiert, erobert Enrique Lateinamerika. Und Julio junior? Gibt es so etwas wie Gebietsschutz in der Familie? Unabhängig voneinander, in meinen drei Gesprächen mit drei Iglesias', verneint jeder vehement: Erfolg ist nicht steuerbar, man nimmt ihn, wo man ihn bekommt. Julio senior:

»Immer dieses Gerede über Familienduelle. Wie soll ich meinen Kindern etwas missgönnen? Ich habe ihnen Erfolgsdenken beigebracht und bin selbst ein ausgesprochener Erfolgsmensch«.

Wohl wahr! Jede Minute wird irgendwo auf der Welt ein Iglesias-Song gespielt. Noch liegt Julio senior vorn, aber Enrique ist nicht nur einen Kopf größer als sein Vater, sondern auch dabei, ihm den Erfolgsrang abzulaufen. Bereits auf der Überholspur, spürt er den bedrohlichen Atem des älteren Bruders im Nacken.

War ihnen alles vorbestimmt? Genetisch oder vom Schicksal? Sie sind sehr gläubig, die »Iglesias«, die übersetzt Kirche heißen. Und irgendwie der Musik verfallen, trotz der anfänglichen Suche nach anderen Berufen.

RECHTS: Ein stiller Ankerplatz in einer der versteckten Buchten. Nicht nur für stets verfolgte Prominente der ideale Ruhepol

Schon Großvater Julio war ein privilegierter Mann, ein MADRILEÑO, der als prominenter Gynäkologe in ganz Spanien Ansehen genoss... und für seine Affären berühmt war. Noch als Achtzigjähriger gut aussehend, teilte er sich mit dem Sohn die Vorliebe zu jungen, schönen Frauen. 1981 wurde er von Terroristen gekidnappt, Sohn Julio zahlte sofort das Lösegeld, und nach 19 Tagen war der Vater frei. Eine Zäsur im Leben dieser Familie, die seitdem eine panische Angst vor Entführungen verfolgt – was auch die starke Bewachung erklärt.

GLÜCK IST ETWAS, DAS MAN ERST REGISTRIERT, WENN ES SICH MIT DRAMATISCHEM GETÖSE VERABSCHIEDET. Historias

Julio José Iglesias de la Cueva, so sein richtiger Name, blieb selbst nicht von Schicksalsschlägen verschont. Die Liebe zum Sport führte ihn zu Real Madrid, wo er als erfolgreicher Torwart erstmalig den Rausch des Applauses erlebte, die Bewunderung der Fans. Nebenbei studierte er Jura, aber er hatte bereits Show-Blut geleckt. Schlagartig änderte sich alles, als er 1963 nach einem Autounfall gelähmt blieb und zwei Jahre im Krankenhaus liegen musste. Der Tag, an dem er nach achtjährigem Geigenspiel zur Freude seiner Umgebung eine Gitarre geschenkt bekam, um ihn vom Grübeln abzulenken, brachte die Wende: Das Üben gab ihm neuen Lebensmut – und er kam im wahrsten Sinn des Wortes wieder auf die Beine. Sport blieb bis heute sein zweites großes Hobby, auch wenn die Kraft nun nicht mehr für Real Madrid reichte. Aber für den Studien-Abschluss zum Doktor jur. Dennoch besiegte die Musik alles, wurde sein Beruf, »eher Berufung«, wie er selbst sagt. Mit Balladen und Schmuseliedern katapultierte er sich an die Weltspitze, sang Duette mit Sinatra, Pavarotti, Carreras, Sting und Stevie Wonder. Und hörte am liebsten Elvis-Songs.

Inmitten der Erfolge und des Reichtums gab es immer wieder starke depressive Schübe, psychosomatische Störungen und wechselnde Beziehungen. Heute besteht die Familie Iglesias aus einem Vater, mehreren Müttern und sechs Kindern, in alle Winde verstreut. Kindermädchen, Internate, Bodyguards – kannten sie überhaupt ein Familienleben? Die Söhne äußern sich verhalten, diffus, ja, ja, irgendwie schon, wir hatten ja die Mutter, und sahen einander immer in den Ferien, und der Vater war ein großes Vorbild, und überhaupt... Enrique meint, eher sei das Sexsymbol-Image des Vaters ein Klotz für ihn.

»ICH SELBST BIN SCHÜCHTERN UND VÖLLIG ANDERS ALS ER. TROTZDEM KLEBT DIESE BLÖDE ERWARTUNG AN MIR«.

RECHTE SEITE: Bequemer Luxus an Bord, für kurze Ausflüge
steigt man in das schnittige Beiboot – so lässt sich´s leben

Freundschaften zu pflegen werde auch immer schwieriger. Wer ist Freund, wer Parasit? Ein Gedanke, der alle drei plagt. Wie das Vorbild wollte Enrique schon als Kind Sänger werden, traute sich aber nie, darüber zu sprechen. Wie das Vorbild liebt Enrique Autos. Und nach einem kleinen Umweg über ein paar Semester Wirtschaft kann auch Julio junior nicht anders: Er muss singen. Selbst wenn die Söhne es bestreiten, ihr Musikstil ist dem des Vaters ähnlich. Und mehr noch: Alle sprechen trotz langer Jahre in Amerika immer noch besser Spanisch als Englisch, das sie zwar beherrschen, doch mit starkem Akzent – Florida ist eben mehr Arbeitsort als Heimat geworden. Und sie sind alle spanische Patrioten, verehren das Königshaus, pflegen die Traditionen. Trotzdem vermitteln sie nicht den Eindruck einer Familie, enger Bindungen, Gemeinsamkeiten. Im Gegenteil: Jeder für sich wirkt auf individuelle Weise bemüht. Charmant, attraktiv, einsam und bemüht. Die Familie Iglesias war immer reich, immer privilegiert, immer unter Aufsicht und Blitzlicht. Der Vater warf einen großen Schatten, dazu die wechselnden Frauen an seiner Seite, die Orientierungslosigkeit – das will als Kind erst einmal verkraftet sein.

Jetzt ist Julio mit der halb so alten Holländerin Miranda verheiratet, ihre Söhne Miguel und Rodrigo sein fünftes und sechstes Kind... ein Ende nicht absehbar. Nach wie vor treibt er täglich Sport, quält sich mit Lampenfieber, trägt ungern Socken, liebt Rotwein, engagiert sich für soziale Projekte, und verfällt – mitten im Wortschwall – in eine Melancholie, die zu ihm gehört wie seine Erfolge. Doch die genügen ihm nicht mehr. Nun, nach Geld, Platin und Anhimmelei, will er echte Anerkennung, also arbeitet er an sich wie besessen mit eindringlicheren Texten, anspruchsvolleren Arrangements, stärkerer Stimme. Neue Ziele! Neue Erfolge! Die Überfälle bleiben – Depressionen, Selbstzweifel, Ängste. Spricht man ihn darauf an, verweist er auf die enorme Geschwindigkeit, der er unterliegt, die Herausforderungen, die oft zuviel sind und an denen man ständig scheitern kann. Ein Zustand, der auch weniger Begüterten bekannt ist.

Man sagt ihm zahlreiche Affären nach, darunter die mit etlichen bildschönen Weltstars. Er bestreitet sie alle, meint nur:

»ICH BRAUCHE LIEBE ZUM LEBEN, MUSS EINEN MENSCHEN NEBEN MIR HABEN, ZUM FÜHLEN, ZUM REDEN –
ICH MUSS GELIEBT WERDEN.«

Julio Iglesias, der reiche und bewunderte Superstar, hat fünf Söhne und eine Tochter. Ob sich die gegenseitigen Wünsche und Erwartungen innerhalb der Familie auch nur zu einem winzigen Teil erfüllt haben, darf man bezweifeln. Vielleicht soll nun bei den Nachkömmlingen alles anders werden?

ANFANGS KÖNNEN KINDER IHRE ELTERN NUR LIEBEN, SPÄTER KRITISIEREN SIE AN IHNEN HERUM,
MANCHMAL VERZEIHEN SIE EINANDER. Mallorquinische Historias

LINKE SEITE: Wenn im Herbst die Wolkenberge
über die Insel ziehen, bekommt Mallorca
etwas Melancholisches, Mystisches...

RECHTS: Die Kathedrale von PALMA – beeindruckend
und märchenhaft zugleich

ENDSTATION SEHNSUCHT

Zeit und Raum bilden auf Mallorca eine Einheit, die spürbar durch unsere Gedanken wandert. Selbstverständliches wird bewusster: Kein Morgen, der sich nicht im Abend auflöst, kein Tag, der nicht in der Nacht endet. Wo sind sie hin, all die verschwundenen Stunden? Treffen sie sich an geheimen Orten mit dem Licht, das der Dunkelheit weichen musste, mit der Sonne, nachdem der Mond sie ablöste?

Für Mystisches und Romantisches hat Mallorca weit geöffnete Sinne. Religiöse Geschichten, Märchen, Legenden voller Dämonen, Kobolde und segensreicher Heiliger. Gerade jetzt, wenn schwere Herbstnebel die Täler bis ins Gras füllen und feuriges Wasser von Böen an verwitterte Ufer gepeitscht wird, verhangen vom wirren Rauch der Stürme. Wie spielend jagen sie über die Oberfläche dahin und drücken die Kämme der Wellen tief hinunter.

Vorboten des Winters kündigen sich fern im Nordwesten über den Höhen des TRAMUNTANA-Gebirges an. Mancher Tag mag nicht aufwachen und es wird früher dunkel. Nur in PALMA nicht. Dort leuchten alle Lampen um die Wette, die Straßen füllen sich, das Leben pulsiert. Man weiß nicht, wann man PALMA schöner finden soll. Im hellen Licht des Sommers oder im künstlichen der letzten Herbsttage.

Doch noch häufig trägt die Sonne eine strahlende Krone, magisches Licht bricht sich in kleinen Pfützen und zerfurchten, ausgewaschenen Felsen, die Wipfel der Zypressen schaukeln leicht im Wind. Wir atmen das besondere Aroma von Ernten, Früchten und Backwerk ein, verlieren uns beim Blick über Traumkulissen von Meer und Hügeln. Uferwege führen durch zauberhafte Landschaften, über denen zarte Wolkenschleier Fresken an den Himmel malen. Die mächtigen Eichen mit ihrem grünlichen Schimmer werfen Schatten wie Netze. Und nie habe ich bedacht, dass in ein mediterranes Land wie Mallorca Hölderlin passt...

RECHTS: Toya, die sanfte Dogge, mit Frauchen vor
dem 200 Meter hohen Felsen hinter ihrer Finca CASSIS

»EINE WELT IST JEDER VON EUCH, WIE DIE STERNE DES HIMMELS LEBT IHR, JEDER EIN GOTT, IN FREIEM BUNDE ZUSAMMEN.
KÖNNT ICH DIE KNECHTSCHAFT NUR ERDULDEN, ICH NEIDETE NIMMER DIESEN WALD UND SCHMIEGTE MICH GERN AN
ANS GESELLIGE LEBEN. FESSELTE NUR NICHT MEHR ANS GESELLIGE LEBEN DAS HERZ MICH, DAS VON LIEBE NICHT LÄSST,
WIE GERN WÜRD' ICH UNTER EUCH WOHNEN.« Friedrich Hölderlin, An die Eichenbäume

Auch falls man für immer bleiben möchte, so wird es Gründe geben, lieber oft wiederzukommen, um das Besondere
zu genießen, das Fest und nicht den Alltag. Wenn tief unten das Meer die Bucht überrollt, du dabei vergnüglich durch Laby-
rinthe steiler Gassen wandelst, die Fähre aus Barcelona stampfen hörst und genau weißt, nächstes Jahr werde ich an dieser
Stelle stehen und ein ganz anderes Bild zu sehen bekommen, nächstes Jahr will ich noch den Norden kennen lernen, PALMA
besuchen, den Tauchkurs machen, und, und, und...

Danken wir unseren Gastgebern, dass sie uns ihr Paradies angeboten haben, uns vom Regen in die Sonne, vom
hektischen Alltag in unbeschreiblich schöne Landschaften einladen, dem Spiegelbild unserer Sehnsüchte, durch das wir
wieder Kraft tanken für all die großen und kleinen Kümmernisse des Lebens. Und auch, wenn wir dafür bezahlen, es ist nicht
alles selbstverständlich.
MOLTES GRACIES PER LA HOSPITALITAT – Danke für die Gastfreundschaft.

Vielleicht braucht man eine Woche, um Mallorca mit dem Schiff zu umrunden, aber ein halbes Leben, um der Insel
wirklich nahe zu kommen.

ICH DANKE IHNEN, DASS ICH SIE DABEI EIN STÜCK BEGLEITEN KONNTE.

Hotels und Restaurants

BILDBÄNDE, DIE SICH SEHEN LASSEN KÖNNEN, VON KOMPETENTEN AUTOREN,
ERSTKLASSIGEN FOTOGRAFEN UND IN EXQUISITER GESTALTUNG. BÜCHER FÜR LEBENSKUNST UND -KÜNSTLER

HEIMO AGA
LUXUSZÜGE

Die zwölf großen Luxuszüge –
ein Bildband über die schönsten
Bahnreisen der Welt.

ISBN 3-7750-0300-2

EVA-GESINE BAUR / AMIEL PRETSCH
BADELUST

Wohlgefühl im Wasser – meisterhafte
Fotos, unterhaltsame Lektüre über
Badefreuden rund um den Globus.

ISBN 3-7750-0325-8

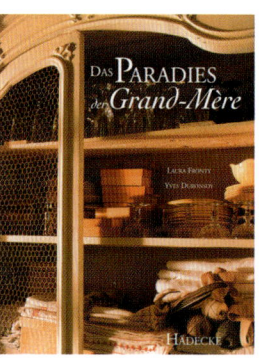

LAURA FRONTY / YVES DURONSOY
DAS PARADIES DER GRAND-MÈRE

Über die fast vergessene Kunst,
eine besondere Atmosphäre in
Küche, Haus und Garten zu schaffen.

ISBN 3-7750-0342-8

SIBYLLE ZEHLE
HOTELS ZUM TRÄUMEN BAND 1

Oasen der Gastlichkeit: Sibylle Zehles
geschmackvolle Auswahl atembe-
raubender Traumziele in Deutschland,
Europa und Übersee – ein Klassiker!

ISBN 3-7750-0320-7

SIBYLLE ZEHLE
HOTELS ZUM TRÄUMEN BAND 2

Weitere Hotels in aller Welt – kleine,
feine Adressen von Schottland bis in
die Südsee. Lebendige Porträts, die
Lust machen auf...

ISBN 3-7750-0353-3

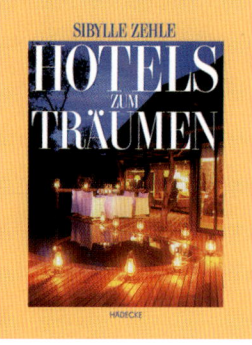

SIBYLLE ZEHLE
HOTELS ZUM TRÄUMEN BAND 3

...Entdeckungsreisen in ferne Welten
oder zu versteckten Schönheiten in
unserer Nähe. Jedes Kapitel:
ein Leckerbissen für Genießer.

ISBN 3-7750-0340-1

Ausführliche Informationen bei:

HÄDECKE VERLAG   D-71256 WEIL DER STADT
FAX +49 (0) 70 33 / 52 98 31   E-MAIL: haedecke_vlg@t-online.de

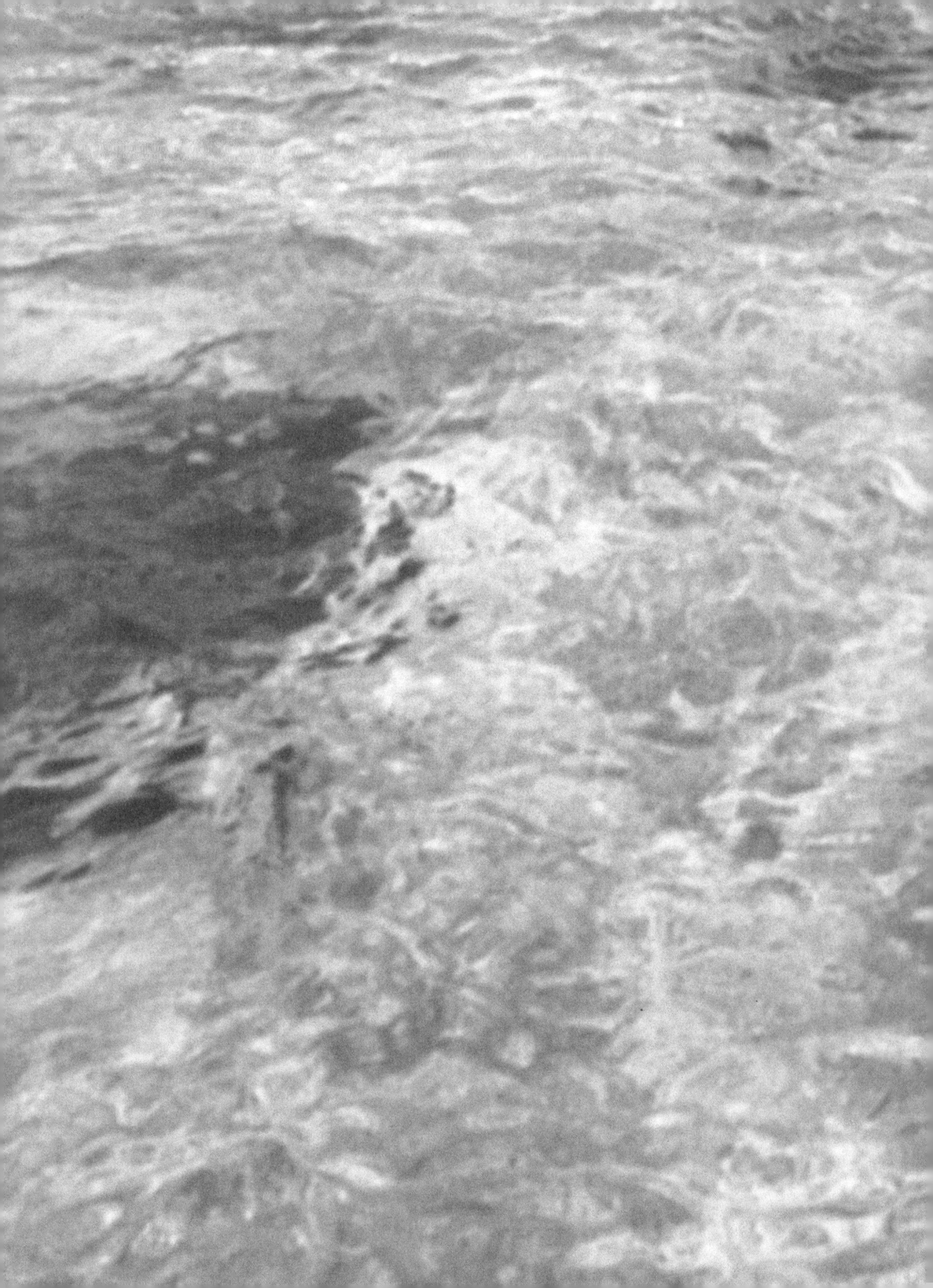